포레스트 웨일 공동 작가

가을이 스쳐간 자리
사랑이 남긴다

이겸 | 명량소녀 | 류광현 | 최나연 | 이다솔 | 신지은 | lilylove
윤세아 | 소어 | 김유신 | 하린 | 엔인 | 유 연 | 강대진 | 이연
MOLee | 조성범 | 회색달 | 한민진 | 김혜지 | 감성적인 집순이
이지운 | 루시아(혜린) | 이혜련 | 이연화 | 숨이톡 | 남화정 | 조현민
고해 | 문미영 | 임만옥 | 신정현 | 문정빈 | 이상현 | 영지현 | 홍채원
하형정 | 김하음 | 연하늘 | 은설 | 겨울 | 최이서 | 문순천
글쓰는 몽상가 LEE | 진서윤 | 안세진 | 문병열 | 昀[햇빛 윤]
김감귤 | 마음률 | 한미숙 | 오렌지음 | 하나언 | 사랑의 빛
꿈꾸는 쟁이 | 신은서 | 최수연 | 배성빈 | 다정한 작가 | 갈곳
해원[전갈마녀] | 민해월 | 김현아 | 5번뻐스 | 김현주 | 윤현정 | 윤아정

FOREST WHALE

차례

필명	가을	페이지
1. 이겸	책갈피	11
1. 명랑소녀	가을의 풍경	13
1. 류광현	가을의 일기	15
1. 최나연	가을이 드러내준 사랑의 온도	22
1. 이다솔	가을 사랑	24
1. 신지은	당신은 꽃피어 있어라	27
1. lilylove	가을인가 봐요	29
2. lilylove	단풍과 낙엽	31
3. lilylove	가을 초읽기	33
1. 윤세아	가을비	34
1. 소어	가을	36
1. 김유신	가을 향기	38
1. 하린	가을 편지	40
2. 하린	낙엽의 길	42
3. 하린	가을바람	44
1. 엔인	가을 향수	47
1. 유 연	가을꽃	48
1. 강대진	쓸쓸한 가을	50
2. 강대진	설레는 가을사랑	52

1. 이연지	바람이 분다 하더라도	54
1. MOLee	가을이 스쳐 간 자리에 사랑이 남았다	55
2. MOLee	가을 소묘	57
1. 조성범	가을의 자리	59
1. 회색달	성공도 관성이다	61
2. 회색달	부서진 가을	66
1. 한민진	가을의 숨결	69
2. 한민진	가을 편지	71
3. 한민진	가을의 고요	73
1. 김혜지	가을의 바람은 어디로 가는가?	75
2. 김혜지	가을의 깊은 숨결	79
3. 김혜지	가을이 저물면서 빛난다	84
1. 감성적인 집순이	가을에게	90
2. 감성적인 집순이	인연은 익어가는 것	92
1. 이지운	그날의 영화는 슬펐다	93
1. 루시아(혜린)	물음표	99
1. 이혜련	가을	100
1. 이연화	앵둣빛 사랑	101
1. 숨이톡	가을빛 사랑	103
1. 남화정	바스러지기 전에	105
2. 남화정	가을의 시작	106
1. 조현민	독서의 계절	107
1. 고해	노란잎 사랑	109

1. 문미영	알록달록 옷을 입고 반기는 가을	112
1. 임만옥	가을에 물드는 시간	113
2. 임만옥	가을	118
1. 신정현	추사	119
1. 문정빈	반지하에도 별은 뜬다	120
1. 이상현	바닥의 낙엽	124
2. 이상현	지나가는 기억	125
3. 이상현	한 줄기의 희망	126
1. 영지현	가을 산책	127
1. 홍채원	가을이 오면 테라스 딸린 카페에서	129
1. 하형정	서창 들녘의 코스모스	131
2. 하형정	잠자리	132
1. 김하음	가을이 실어 오는 사랑	133
2. 김하음	가을을 사랑하는 당신에게	134
1. 연하늘	가을이 되었소	136
1. 은설	언제 어디서나 만나기	137
1. 겨울	길 잃은 나의모습	149
1. 최이서	가을빛	151
1. 문순천	책방 주인의 짧은 가을 노래	153
2. 문순천	당진의 가을을 길어 올려, 나의 집으로	155

1. 글쓰는 몽상가 LEE	가을의 문턱에서	157
1. 진서윤	편지, 나무에게-	161
1. 안세진	가을은 수확의 계절	164
1. 문병열	가을은	166
1. 昀[햇빛 윤]	가을이 외로운 이유	167
2. 昀[햇빛 윤]	나만의 색깔 찾기	168
1. 김감귤	가을이 오는 소리를 귀 기울여보다가	169
2. 김감귤	가을을 생각하며	171
1. 마음률	나도 모르는 사이 나는 가을이 되었다	173
1. 한미숙	너로부터 시작된 가을	176
2. 한미숙	아이와 걷던 그 길에서	179
1. 오렌지옴	다가오는 가을에서	183
1. 하나언	나무 전선, 낙엽 전구	185
2. 하나언	국화	186
1. 사랑의 빛	가을 되돌아보기	188

필명	사랑	페이지
2. 이겸	사랑이라는 명사	191
2. 류광현	너와 걷는 길	193
3. 류광현	사랑했기 때문에	196
2. 이다솔	Love is Love	199
3. 이다솔	한결같은 사람으로	201
1. 꿈꾸는 쟁이	제게 사랑이라는 건	203
2. 신지은	나의 사랑 사랑 사랑	205
1. 신은서	Hugmark	207
2. 김유신	사랑의 열병	209
3. 김유신	사랑의 벽	212
2. 엔인	간극	214
3. 엔인	이별 후 처음으로 내가 싫어졌다	215
2. 유 연	다른 시간대의 그대에게	216
3. 강대진	기다려준 사랑	218
1. 최수연	별빛을 품은 바다	220
2. 최수연	엄마의 사랑	222

3. 최수연	가을을 품은 사랑	225
2. 이연지	사랑	227
1. 배성빈	오늘은 내가 먼저	228
2. 배성빈	사랑할 수밖에 없는 너	229
1. 다정한 작가	우리의 시작의 사랑은 가을이었나보다	230
1. 갈곳	당신에게	232
1. 해원[전갈마녀]	수줍게 고개를 내밀다	239
2. 해원[전갈마녀]	눈빛	240
2. 이지운	내가 사랑했었다	241
3. 이지운	몰랐습니다	252
1. 민해월	나의 재스민	253
2. 민해월	영원한 너의 사랑 속에서 헤엄칠래	254
3. 민해월	말로는 부족한 이 마음을 당신에게	256
1. 김현아	가을바람에 떨어진 단풍잎을 사랑이라 부르며	258
2. 이혜련	새잎이 밀어내는 동시	260
2. 이연화	사랑한다는 너의 말	261
3. 남화정	청혼	263
2. 조현민	나의 첫사랑	264
2. 문미영	사랑에는 조건이 없다	266
3. 임만옥	사랑은 색이 없다	267
2. 신정현	밤하늘 바라보며	268

3. 신정현	너라는 계절	269
1. 5번뻐스	엔트로피	271
2. 5번뻐스	에너지 보존의 법칙	272
2. 문정빈	제품명 : 사랑, 가격은 무료입니다	273
2. 영지현	국제 사랑의 힘	276
3. 영지현	미련한 사랑	281
3. 하형정	묵향에 스민 사랑	282
2. 최이서	사랑이란 이름 "나의 전부"	284
3. 최이서	지는 사랑	286
3. 문순천	붓끝에 스민 가을의 고백	288
2. 글쓰는 몽상가 LEE	가을 연가(falling in love)	290
1. 김현주	달빛이 참 예뻐요	292
2. 김현주	이 좋은 가을날, 그대에게(20251030)	293
3. 김현주	고해	295
2. 안세진	사랑은 기쁨과 상처를 함께 가져온다	297
3. 안세진	사랑은 가을 거리의 낙엽과도 같다	299
3. 김감귤	사랑의 의미?	304
1. 윤현정	오래도록 지켜온 사랑은	306
2. 마음률	사랑이라 몰랐던 것들	307
1. 윤아정	해방의 유예	310
2. 오렌지음	날 흔들고 간 너에게	312
3. 오렌지음	너와 함께하던 계절	314

3. 하나언	유리흑구	316
2. 사랑의 빛	내가 선택한 사랑	318
3. 사랑의 빛	오늘의 나를 사랑해	322

포레스트 웨일

공동 작가

가을

1. 이겸

책갈피

흔들리는 꽃을 꺾어 그대에게 전해요.

흔들리던 꽃인지도 모른 채
아이처럼 기뻐하네요.

그 꽃은 그대를 닮아있어요.

바람에 흔들려도 꺾여도 쓰러지지 않던,
마른 모래 속에 피어난 꽃이에요.

어수선한 가을바람 사이에서 책 하나를 골라요,
아무 페이지에나 그 꽃을 넣어두세요.

봄 여름 가을 다음, 쓸쓸한

혼자 견뎌야 할 쓸쓸함에서 꺼내어 보세요,
의미는 두지 말아요,

이게 제 마지막 녹슨 안녕이에요.

1. 명랑소녀

가을의 풍경

 사진을 찍다 보면 붉게 물든 단풍잎이 보인다. 가을이 다가오는 구나 하면서 나무들이 물이 들어 예쁜 색감을 비추는데 나무 아래에 의자에 앉자 책 한권을 읽다보면 시원한 바람과 함께 하루가 금방 간다.
 눈에서도 담지 못한 가을의 풍경들이 계절마다 다행하게 보여 사진만으로도 남기는 것도 눈으로 보아도 아쉬운 마음뿐일 때가 많다. 어린 시절 엄마 따라 벼 수확하는 걸 도와주고 했을 때가 가을이었는데 벼를 베고 하면서 궁금해서 벼 수확시기도 물어보았다. 수확 시기는 가을이면 모심기는 여름이야 라고 하시면서 초등학생 때 가을은 잊지 못한다
 나이가 먹고 나서보니 가을이 외로움도 있고 시원한 계절이구나 하지만 벼 수확할 때 허리를 숙여 하니 가을을 정말 잊지 못한다. 나에게 정말 특별한 가

을이지만 풍경마저도 더욱 붉게 물든 색감뿐이다. 향일함 절에 갔을때의 가을도 보았는데 산 아래 절이 있는 곳이지만 단풍이 모여 그마저도 눈에 담지 못한 추억이 있지만 가을은 정말 붉은 색감이라 느꼈다

1. 류광현

가을의 일기

가을이 오면 나는 늘 멈추어 선다.
바람은 차갑지만, 그 안에는 묘한 따뜻함이 스며 있고
낙엽은 흩날리며 오래된 이야기를 들려준다

발밑에서 바스락거리는 소리는
우리 대화의 끝자락 같아
자꾸만 네 생각이 난다.

붙잡을 수 없는 계절처럼
너도 끝내
내 손가락 사이로 흘러가 버렸다.

비가 내리면 나는 묻는다.
우리가 다시 만날 수 있을까

그러나 가을비는 언제나
대답 대신 조용한 울음만을 들려준다

창가의 빈자리에 앉아 있으면
아직도 네가 웃어주던 모습이 눈에 선하고
서랍 속 오래된 편지를 꺼내 보면
닳아버린 글자 사이로
여전히 지워지지 않는 그리움이 번져 나온다.

그러나 가을은 말한다
잊으라는 것이 아니라
놓아주어야 한다고

낙엽처럼 떨어지는 것들을
억지로 붙잡으려 하지 말라고

나는 길 위에서 멈추어 선다
고독 속에서 비로소 나를 마주하고
흩어졌던 마음을
하나씩 주워 담는다.

따뜻한 차 한 잔을 손에 쥐며
내가 완전히 혼자가 아님을 알게 된다.
저물어가는 노을은 붙잡을 수 없지만
사라진다고 해서 없었던 것은 아니듯
너와의 계절 또한
내 안에서 여전히 빛나고 있다.

나는 조금씩 가벼워지고
계절이 남긴 상처를
수확처럼 받아들인다.

후회는 열매가 아니었다.
그것은 성장의 씨앗이었음을
알게 된다.

가을의 끝자락
나는 다시 길을 걷는다.

바람은 약속처럼 속삭인다
"곧 눈이 올 거야

그리고 다시 봄도 찾아올 거야"

가을이 오면 나는 늘 멈추어 선다.
바람은 차갑지만, 그 안에는 묘한 따뜻함이 스며 있고
낙엽은 흩날리며 오래된 이야기를 들려준다

발밑에서 바스락거리는 소리는
우리 대화의 끝자락 같아
자꾸만 네 생각이 난다.

붙잡을 수 없는 계절처럼
너도 끝내
내 손가락 사이로 흘러가 버렸다.

비가 내리면 나는 묻는다.
우리가 다시 만날 수 있을까
그러나 가을비는 언제나
대답 대신 조용한 울음만을 들려준다

창가의 빈자리에 앉아 있으면

아직도 네가 웃어주던 모습이 눈에 선하고
서랍 속 오래된 편지를 꺼내 보면
닳아버린 글자 사이로
여전히 지워지지 않는 그리움이 번져 나온다.

그러나 가을은 말한다
잊으라는 것이 아니라
놓아주어야 한다고

낙엽처럼 떨어지는 것들을
억지로 붙잡으려 하지 말라고

나는 길 위에서 멈추어 선다
고독 속에서 비로소 나를 마주하고
흩어졌던 마음을
하나씩 주워 담는다.

따뜻한 차 한 잔을 손에 쥐며
내가 완전히 혼자가 아님을
알게 된다.

저물어가는 노을은 붙잡을 수 없지만
사라진다고 해서 없었던 것은 아니듯
너와의 계절 또한
내 안에서 여전히 빛나고 있다.

나는 조금씩 가벼워지고
계절이 남긴 상처를
수확처럼 받아들인다.

후회는 열매가 아니었다.
그것은 성장의 씨앗이었음을
알게 된다.

가을의 끝자락
나는 다시 길을 걷는다.

바람은 약속처럼 속삭인다
"곧 눈이 올 거야
그리고 다시 봄도 찾아올 거야"

나는 그 말을 믿는다.
어둠 속 작은 등불 하나가
내 발걸음을 이끌듯
작은 희망 하나면
다시 시작할 수 있다는 것을 안다.

가을은 내게 가르쳐 준다.
끝이 아니라 시작이라고

사라지는 모든 것은 다시 돌아오고
멀어지는 모든 것은
언젠가 다른 모습으로 스며든다고

그래서 나는
가을의 마지막 페이지에 적는다.

"너와 나의 계절은 끝났지만
내 삶의 계절은 아직도 이어진다
가을은 끝내 나를 무너뜨리지 않았고
오히려 나를 다시 시작하게 했다"

1. 최나연

가을이 드러내준 사랑의 온도

내 두 볼에 차가운 바람이 스치고 낙엽이 하나둘 떨어지는 날.

낙엽이 흩날리는 길 위에서,
손을 맞잡고 이야기를 나누며 걸어가는 연인,
유모차 속 아기의 잼잼에 따라 웃음을 터뜨리는 엄마,
자전거를 타는 아이 뒤에서 넘어지지 않게 등을 받쳐주며 달려가는 아빠의 땀 맺힌 이마가 보인다.

차갑게 스미는 공기와는 달리, 그들 사이에서 오가는 마음은 눈에 보이지 않아도 분명했다.
그 따뜻한 기운이 바람 사이로 번져 나와, 스쳐 가던 내 마음까지도 살며시 감싸 주는 것 같았다.

그 풍경을 바라보다 보니 발걸음이 느려졌다.
사랑은 꼭 내 곁에 있지 않아도, 이렇게 다른 이들의 모습 속에서 전해져 오는 거구나, 문득 그런 생각이 스쳤다.

선선한 바람을 따라 삼삼오오 모여든 사람들.
저마다의 방식으로 사랑을 드러내는 이 계절,
가을은 스쳐 지나가지만 그 자리마다 결국 사랑이 남는다.

그리고 그날, 가을은 내게 조용히 알려 주었다.
바람의 차가움보다 더 오래 남는 것은
사람들 사이에 흐르는 사랑의 온도라는 것을.

1. 이다솔

가을 사랑

선선한 바람을 타고
너는 내게 불어오며
머릿결 흩날리며
조용히 미소 짓는 너

그 순간부터
너는 내 하루의 시작이 되고
생각만으로도
가슴이 콩닥콩닥 두근거린다

너무 보고 싶어
전화기만 껐다 켰다 반복하고
설레는 마음에
잠 못 이루던 수많은 밤

문득, 거리를 나서면
혼자 덩그러니 서서
너도 나처럼 생각할까
궁금해지는 나

이건 분명 사랑이겠지
네 생각만 떠올라도
바보처럼 미소가 새어 나와

아무래도 널 좋아하나 봐
이런 내 마음
더 이상 감출 수 없어
내가 먼저 고백할래
널 좋아한다고 말이야

너는 당황스러울지 몰라도
괜찮아, 지켜봐 줘
언제나 네 곁에서
힘이 되어줄게.

사실 난,
가을이 제일 싫었어
쓸쓸한 바람이 불면
너마저 떠날까 두려웠거든

그런데 지금은
가을이 좋아지려 해
너 때문에

가을바람이 불어도
내 옆자리는 네 덕분에
너무나 따뜻하니까

이젠 말할게
항상 고맙고
진심으로 사랑한다고
오직 너에게만,
나의 진실한 마음을 담아

1. 신지은

당신은 꽃피어 있어라

가을꽃이 피었다.
당신이 지나간 자리마다
당신이 보고 간 공간마다
어여쁜 코스모스가 웃어주니
가을빛 고요히 아름답게 피어라.

당신을 닮아 영롱하고
가을 하늘처럼 맑게
붉게 빛나는 노을 같아라.
함께 걷는 오솔길처럼
시원한 바람으로 꽃피어 있어라.

계속 그 자리에 꽃피어 있어라.
물도 주고 양분도 주고

따뜻한 햇볕도 주고
마음으로 사랑도 줄 테니
당신은 계속 꽃피어 있어라.

1. lilylove

가을인가 봐요

열어 놓은 창문 사이로
들어오는 향긋한 바람 냄새
흐릿흐릿 비추는 조명 빛
이름 모를 풀벌레 울음소리
가을인지 헷갈리게 하네요.

새벽녘 쉽사리 잠들지 못하고
어슴푸레 창가를 휘감는
달빛의 애절함이 더해갈 때쯤
나지막하게 들리는 가을의 소리
귀뚤귀뚤 귀뚜라미 소리였어요.

계절은 어느덧 가을의 문턱에
나를 데려다주고

홀연히 떠나갑니다.

떨어지는 낙엽처럼
나도 조금씩 비워가며
다가올 새로운 계절을
조용히 기다려봅니다.

2. lilylove

단풍과 낙엽

단풍일 때는 알록달록
아름다움에 눈을 뗄 수 없지만
낙엽일 때는 뒹굴뒹굴
굴러다니는 모습에
웃음을 짓게 한다.

단풍은 온 산을 울긋불긋
수놓아서 아름답게 하지만
낙엽은 온 땅을 포근포근
이불처럼 휘감아 준다.

가을은
단조로운 내 일상에
풍부한 감성을 주고

나에게 감동을 준다.

낙동강을 바라보고 있으니
엽서 한 장 보내고 싶다
"가을아! 좀 더 내 곁에 머물러 주렴"

3. lilylove

가을 초읽기

무덥던 여름도 막바지에 치닫고
계절은 또 그렇게 가을을 향해가네
뜨겁던 그날의 그 시간들을 되새기며
가을 초읽기에 접어든다.

덥다고 연신 선풍기를 돌려야 했건만
서늘한 가을바람에 이불을 자꾸만 동여매네
창가를 스치고 지나가는 이 밤
바람 냄새가 참 달콤하다.

곧 사방에 코스모스가 만발하고
뒷산 이곳저곳에 오색 빛깔 찬란한
단풍들이 물들겠구나
그렇게 계절은 돌고 도는 것...

1. 윤세아

가을비

여름이 갔다. 가는 중이다.
공기에 스민 남아있던 물기를 닦아내 힘을 주니 가을비가 되어 섧게 내렸다.
다 간 여름을 끌어안고 그렇게 울었다.
후두둑, 빗방울만큼 거세게 쏟아져 내리는 늦여름이었다.
뜨거운 설렘은 열기로 고여 선한 바람으로 흩어지고
달콤한 속삭임은 먹먹히 녹아 스르르 증발했다.
그런 줄도 모르고
곁을 채우는 존재의 옅어짐도 모르고
차오르는 바람에 허덕허덕 숨을 들이켜기 바빴다.
데운 몸이 차게 식어 가는 감각에 심취할 줄밖에는 몰랐다.

그랬기에 떠나는 여름이, 찬 기운에 사그라든 온기가
그렇게나 아쉬울 줄은,
어느 날들에는, 사실은 그 모든 날들에서는 알지 못했다.
여름의 끝물과 가을 초입의 경계에서,
한참을 늦어버려 새 계절이 흐르는 그곳에서
떠나간 것들을 그리며 바랐다.
가을의 틈에서
새파란 이파리가 언뜻 보이는
때늦은 비가 내리는
그런 가을의 틈에 아즉 남아있을 널 만나러 가겠노라고.
눈이 내리기 전, 얼지 않은 길을 걷겠노라고.

1. 소어

가을

봄, 여름, 가을, 겨울
그중 나는 가을이 좋다.

봄은 시작, 초심의 계절,
여름은 뜨거운 열정과 노력의 시간,
겨울은 새출발을 위한 고요한 웅크림.

그리고 가을은
수확의 계절,
풍성함이 깃들고
선선한 바람이 스며든다.

풍성하면서도 쓸쓸하고,
시원하면서도 너그러워,

마치 내 마음을 닮았다.

나는,
가을을 닮고 싶다.
가을을 담고 싶다.

1. 김유신

가을 향기

높은 하늘은 한 폭의 푸른 수채화,
바람이 붓이 되어 자유롭게 그리는 그림.

누렇게 익은 벼는 황금물결처럼 일렁이고,
고소한 냄새는 어머니의 따뜻한 손길처럼 감싼다.

감나무에 매달린 주홍빛 감은
마음속에 익어가는 그리움의 등불.
터지는 밤송이는 가을이 선물하는
행복의 팡파르 같다.

해가 질 무렵,
국화 향기는 마치
오래된 책갈피 속에서 발견한

첫사랑의 편지처럼 은은하게 번진다.

그 향기를 마실 때면,
가슴은 어느새 가을의 바다가 되어
잔잔한 행복에 잠긴다.

1. 하린

가을 편지

낙엽이 흩날리는 길목에 서서
전하지 못한 말들을 바람에 실어 보낸다.
높은 하늘은 나의 마음을 닮아
쓸쓸하면서도 깊고 투명하다.

전하지 못한 마음도 조용히 남아
바람에 실려 이곳저곳으로 흩어져
멀리 떠나간 시간 속에서도
내 마음속에 머물렀다.

돌아갈 수 없는 시간임을 알면서도
나는 여전히 그날의 장면을 떠올린다.
짧지만 눈부셨던 햇살,
쉽게 사라지지 않던 목소리,

그리고 미처 전하지 못한 마음까지
편지로 가슴을 적시며,
무르익던 가을은 그렇게 나를 멈춰 세운다.

2. 하린

낙엽의 길

길 위에 쌓인 낙엽 사이로
내 발자국이 조용히 남는다.

바람에 흔들리는 낙엽은
지난 시간을 말해주듯
살짝 구겨진 채
내 마음 한편에 내려앉는다.

그 길을 걸을 때마다
나는 누군가와 나눈 말들,
전하지 못한 인사,
잠시 머물다 사라진 기억들을
하나하나 떠올린다.

낙엽은 무심하게 떨어지지만
그 속에서 나는 멈춰 서서
지나간 시간들을 바라보고
내 마음을 살며시 놓는다.

3. 하린

가을바람

흩날리는 낙엽의 속삭임은
가을바람을 타고
여기저기 붉게 만들어 날아다니다
내 마음속에 살며시 자리를 잡았다.

기다림 없이 다가와 흔들어 놓고
조용히 숨죽여
마음껏 기다리게 만들어
더욱더 애태우게 만들고선
그 자리에 서서 고개를 들지 못하게 한다.

하염없이 바라보며
눈물을 훔치며
언제 지나갈지 몰라 조마조마한 마음에도

바람은 여전히 내 머리칼 사이로 스며든다.

바람처럼 다가온 당신의 미소가
내 마음속 낙엽을 살짝 흔들고
남겨진 공기 속에
조용히 흔적을 남긴다.

나는 그 흔적을 따라
가만히 눈을 감고
이미 지난 시간,
하지만 아직 내 안에 남아 있는
모든 순간들을 떠올린다.

바람은 멀리 떠나가지만
그 안에 담긴 향기와 온기는
내 안에서 천천히 흩날리며
조용히 나를 흔들고,
가만히 웃게 만든다.

그리고 나는 알게 된다.
떠나간 시간 속에도
바람은 늘 스쳐지나
당신의 향기와 기억을 남긴다는 것을.
그리움조차도
이 바람 속에서
조용히 머물 수 있다는 것을.

1. 옌인

가을 향수

선선한 밤공기,
그 어떤 향보다 좋은
가을 내음을 들이쉴 때의 기분.

약간은 들뜨는 마음, 설렘.
그리고 항상 떠오르는
그때의 향수.

1. 유 연

가을꽃

청춘은 왜 봄인가.
왜 봄이어야 하는가.

늦봄, 피어나지 않은 코스모스를
찬찬히 바라본다.

나의 꽃은 가을에 핀다.
어여쁜 분홍빛을 품고,
천고마비의 계절에 피어 온기 섞인 늦바람에 흔들린다.
붉은빛이 산산이 흩날리고,
그 위로 높은 푸름이 어우러지니.
제아무리 봄일지라도
이 완벽한 절경에 어우러진 분홍만 하겠는가.

그대들은 왜 봄에 피어나려 하는가.
그저 적당히 좋은 날 피어, 그리 시드는 것 아니던가.

꽃에겐 그들만의 때가 있듯,
더 완벽하게 만개할 철이 있듯.
너무 청춘에 얽매이지 말아라.

추절의 가을꽃이 가장 곱게 피는 것처럼.
때맞게 피어난 꽃이 가장 어여쁘게 흐드러지지 않던가.

1. 강대진

쓸쓸한 가을

가을은 언제나
이별의 계절처럼 다가옵니다.
낙엽이 흩날리듯
우리의 추억도
바람에 쓸려가 버릴까 두렵습니다.

하지만
그대 떠나는 길목에서조차
내 마음 깊은 곳에는
따뜻한 불씨가 살아 있습니다

쓸쓸함은 사랑이 남겼다는 증거
눈물은 아직 그대를
사랑한다는 고백입니다

가을은 저물어도
그대의 이름은 내 안에서
지지 않는 별빛처럼 남아
밤마다 나를 불러냅니다.

2. 강대진

설레는 가을사랑

높고 높은
푸르른 가을 하늘 위로
두둥실 하얀 뭉게구름은
마치 우리 마음을 닮았습니다

황금빛 들판처럼 눈부신 길 위에
우리는 나란히 걸으며
서로의 손을 꼭 잡습니다
서늘한 바람이 불어올 때마다
그대의 체온은 더 또렷하게 스며듭니다

떨림은 두려움이 아니라
첫 만남의 설렘처럼
우리 사랑이 여전히 아름다운 증거입니다

가을의 단풍잎이 붉게 타올라
마지막 순간까지 가장 빛나듯
우리의 사랑 또한 그렇게
아름답게 타오르며 익어갑니다

1. 이연지

바람이 분다 하더라도

바람이 분다 하더라도
우리의 사랑은 절대 겨울이 될 수 없다

가을의 사랑은 어떻게 보면 따스하고,
어떻게 보면 시린 바람의 온도와 같았다

바람이 분다 하더라도 두렵지 않다
흔들리는 나무 사이로 네 목소리가 들려오듯
모든 흔들림이 결국은
사랑을 닮아있기 때문이다

이 흔들림을 겨울에 차가움으로 보내기 싫다
우리의 사랑은 영원토록 가을에 머물러있는다

1. MOLee

가을이 스쳐 간 자리에 사랑이 남았다

그해 가을은 유독 태양 빛이 뜨거웠다.
몇 송이 따서 얹어 놓은 포도알들이 쩌지고
맑은 하늘빛 아래 달려가는 두 마음도 익어갔다.
'그곳에 가고 싶다'
카페나 레스토랑 이름 자체가 시를 부르기에 안성맞춤이다.
어떻게 그곳에 들르지 않고 지나칠 수 있을까?
'베티성지'
지명도 참 이국적이다!
엘리자베스 이름을 애칭으로 부르면 베티가 될 수도 있고, 리즈가 될 수도 있겠지.
지금 난 MOLee로 불리고
그때 난 그의 이름에 씨를 붙였다.
착한 학생 같았던 순수함
보고 싶은 대로 보았을까?

누구나 사랑할 때는 순수해지는가?
너른 자연을 좋아했던 두 사람
그저 함께인 시간이 좋았다.
그. 마음은 지금도 마찬가지!

가을이 스쳐 간 자리에 사랑이 남았다.

2. MOLee

가을 소묘

스카이 블루
화잇 코튼
몽글몽글 푸들 강아지
하얀 구름이 그리는 리틀 램
천지 창조
손가락 끝이 마주 닿을 듯한

둥글게 잘 여문 단호박들
열리는 줄도 모른 채
눈에 띌 땐 터질 듯 커다랗고 탐스런 노각오이들
달항아리 같은 허니 듀 멜론들
알알이 익어가는 벼알곡들

논두렁길. 따라 걷는 맨발의 슬리퍼
산책길로 이어지는 노란 씀바귀꽃들
보랏빛 자운영꽃들을 갈아엎으면
그대로 두엄이 된다시던. 아버지 말씀

오렌지빛을 더해가는 단감, 방석감, 뾰족감
감나무 가지가 집을 덮으면 안된다고
애써 가지를 꺾으시던 엄마
서른 여 그루의 감나무 정원

이제 그 감나무들이 일부 잘려지고
구아바, 사과나무도 열매를 맺는다.
세대교체

가을 그림이다!

1. 조성범

가을의 자리

빈 벤치 하나
여름이 떠난 자리 위로
늦은 햇살이 스며든다

바람은 낙엽을 데려와
등받이에 걸어 두며
사라진 숨결을 대신한다

금빛 무늬는 나뭇결에 스며
그림자는 조용히 가라앉는다

석양은 긴 붓이 되어
하늘을 긋고
붉은 잉크로

가을의 장을 적신다

벤치는 침묵 속에서
부재를 품고
저녁의 무게를 견딘다

바람은 주소 없는 편지처럼
스쳐 지나가며
황혼의 냄새를 흩뿌린다

빈자리에 남은 체온은
저녁을 데우는 불씨가 되고

석양은 사라져도
그 여운은
나뭇결에 오래 스며든다

가을은 이렇게
흔적과 부재를 포개어
조용한 노래가 된다

1. 회색달

성공도 관성이다

 어린 시절의 나는 꿈이 무엇인지, 무엇을 하고 싶은 지조차 명확하지 않았다. 이른 아침마다 눈을 비비며 등교해야 했고, 다들이 다니는 직장에 흘러가듯 몸을 맡겼다. 세상이 정해놓은 길을 따라가는 건 쉬웠지만, 마음 한편에는 가을 낙엽처럼 허전함과 불확실함이 쌓여 있었다.

 그러다 어느 날, 쉼 없이 흘러가던 삶은 번아웃이라는 거대한 바위에 부딪혀 막혔다. 일상의 흐름이 멈춘 느낌이었다. 마음은 답답했고, 몸은 지쳤다. 막연히 바다로 나가 서핑을 시작했지만, 파도 위에서 균형을 잃고 발을 잘못 디뎠을 때 허리에 전해지는 끔찍한 통증이 나를 다시 현실로 불러왔다. 결국 허리 디스크가 재발했고, 일주일간 병원과 집을 오가며 출근조차 하지 못했다.

누워 있는 동안 할 수 있는 일이라고는 손가락으로 스마트폰 화면을 스크롤하는 것뿐이었다. 그때 나는 오래전 시작했던 글쓰기를 떠올렸다. 8년 전, 작은 호기심으로 시작한 글쓰기는 조그마한 불씨였지만, 내 마음속에 새로운 세상을 열어주었다. 이번에도 그 불씨를 되살리기 위해 글을 쓰기 시작했다. 공모전 참여도 그 일환이었다. 글쓰기는 내게 단순한 취미가 아닌, 삶의 방향을 다시 세우는 계기가 되었다.

 포레스트웨일 출판사에서는 매월 원고 공모를 진행했고, 나는 그 도전을 멈추지 않았다. 글을 써내고, 출판 과정을 경험하며 조금씩 자신감을 얻었다. 이제 나는 남들이 정해놓은 노선을 따라가는 삶이 아니라, 스스로 선택한 길을 걸어가고 있음을 느꼈다.
 물론 한두 번의 실패도 있었다. 가슴 아픈 고배를 마셨지만, 나는 다시 노트북을 펼쳤고, 손가락은 쉬지 않고 타이핑을 이어갔다. 글은 점차 중심을 잡아갔고, 1,000자를 넘어 2,000자, 3,000자가 되었다. 마치 가을바람이 잎을 흔들듯, 시간과 경험이 나를 앞으로 밀어주었다. 그때의 실패는 이제 파도가 되었고, 바람이 되었다.

오늘도 나는 공모전에 도전장을 내밀고, 결과 발표를 기다린다. 기대는 없다. 만약 실패하더라도 크게 실망하지 않을 것이다. 이제 나는 남이 정해놓은 노선과 시간에 맞춰 기계처럼 가다 서다를 반복하는 버스에 그저 탑승만 하고 있지 않으니까.

버스는 큰길 위에서 효율을 따지며 빠르게 달렸겠지만, 나는 그 속에서 스쳐 지나가는 풍경에 몰입할 수 없었다. 지나치느라 보지 못했던 작은 골목, 서늘한 가을 공기 속에 흩어진 낙엽, 자연 그대로의 숨결을 내 속도로 보고 듣고 느끼며 생각할 여유는 전혀 없었다.
하지만 지금의 나는, 날 것 그대로의 감정을 온몸으로 느끼며, 조금 느리고 돌아가더라도 나의 두 발로 직접 걷는다. 글쓰기에 도전한 시간은 바로 그런, 내 속도로 세상을 경험하는 시간이었다.

이제 나는 두 발로 걸으며, 때로는 잠시 쉬고, 때로는 달리고, 자전거를 타며 내 속도와 방식대로 길을 만들어가고 있다. 이전까지는 내가 끌려가는 삶이었다면, 지금은 스스로 나침반이 되어 길을 찾아가는 삶이다. 반복된 시도와 인내 끝에 얻은 힘은, 내가 처음 내디딘 발걸음이 단순한 걷기가 아니라, 나만의 긴 여정을 향한 첫걸음이자 나침반임을 깨닫게 한다. 마흔을 넘긴 나는 깊은 가을 숲 속을 거니는 기분으로, 지나온 날들과 앞으로의 시간을 천천히 음미한다.

처음 어설프게 시작했던 글은 고요한 연못 같았다. 하지만 수많은 실패와 도전, 포기하지 않는 노력들이 시냇물이 되어 연못으로 흘러들며, 나만의 바다를 만들었다. 이제 글쓰기는 단순한 물웅덩이가 아닌, 어떤 감정과 이야기든 품어낼 수 있는 드넓은 바다처럼 확장되었다. 때로는 거친 파도가 치고, 때로는 잔잔하게 빛나는 바다처럼, 내 삶과 글은 끝없는 가능성을 담는다.

이 한 번, 두 번의 도전 경험은 결국 바다로 나아가는 속도를 내게 하는 '관성'이 되었다는 것을 깨달았다. 성공도 관성이다. 마치 파도 위 서퍼가 처음엔 힘껏 저어야 하지만, 일단 파도를 타면 힘들이지 않고 앞으로 나아가듯, 내 삶과 글도 한 번, 한 번의 도전이 쌓여 이제는 자연스럽게 앞으로 나아갈 수 있는 나만의 관성을 얻었다.

결국 선택은 나의 의지와 태도에 달려 있고, 그 선택

위에 삶이 완성된다. 나는 지금 이 순간에도 스스로의 선택을 믿으며, 가을바람을 맞으며 넓은 바다 위를 항해하듯 앞으로 나아간다. 글을 쓰며, 지난날의 나를 이해하고, 앞으로 마주할 미래를 그린다. 글쓰기는 나에게 희망을 주고, 내면의 소리를 들을 수 있게 해준다. 약함 속에서 힘을 찾아내고, 두려움과 절망 속에서도 빛을 발견하는 여정이다.

 글쓰기를 통해 나는 내 이야기의 주인공이 된다. 글 속 결단과 노력은 느리고 어설퍼도 의미 있다. 실패해도, 좌절해도, 다시 일어나 도전하는 삶은 진정한 자유와 행복을 알려준다. 누구도 대신 살아줄 수 없는 내 삶, 나는 이제 내 선택으로 써 내려간다.
 선택은 단지 주어진 것 중 하나를 고르는 것이 아니라, 나의 존재를 완성하는 행위다. 삶은 선택의 연속이고, 태도와 의지가 더해질 때 비로소 온전한 내 삶이 된다. 나는 계속 걸어가려 한다. 나답게, 내 속도로, 내 힘으로. 글을 통해 나를 표현하고, 그 과정에서 만나는 모든 순간을 소중히 여기며 성장할 것이다. 선택은 나의 것, 삶은 나의 것, 그리고 나는 나의 삶을 완성해 갈 것이다.

2. 회색달

부서진 가을

밤사이 내린 비바람은
서늘한 결을 남기고
나뭇잎을 부쉈다.

햇볕이 도시의 숲을 깨우며
밤사이 삼켜둔 빗물을
왈칵 쏟아내는 시간

흙내와 길가 풀잎 향이
가슴을 채울 때
나는
자연 속 숲이 아닌
회색빛 숲속에 갇혀 있었다.

골목 사이 부는 바람은
나뭇잎 대신 버려진 종이컵을 뒤집고
광고 전단을 흩뜨렸다.
멀리서 들려오는 경적과 공사 소리는
숨 쉬는 틈마다 스며들었다.

하늘의 조각난 구름은
건물 사이 겨우 얼굴을 내밀었고
나는
그 공간에서
철제 난간과 플라스틱 화분에 갇혀
너를 맞이했다.

이곳엔 네가 머물 자리가 없다.

계절이 옷을 갈아입는 동안
나는 문턱에서 서성이며
숲의 바람과 낙엽 향기를 그리워하지만

그럼에도 결국
나는
다시 이 숲으로 돌아와 몸을 뉘운다.

나의 안온을 포기할 수 없어서
너라는 계절을 잃은 채
마음속에 최소한의 가을을 품는다.

1. 한민진

가을의 숨결

낙엽은 바람을 따라 천천히 내려온다.
누군가의 발자국에도 흔적을 남기지 않으려는 듯,
그저 조용히 땅 위에 닿아 쉼을 얻는다.

뜨거웠던 여름은 어느새 멀리 떠나고,
하늘은 깊이를 더해 푸르다 못해 투명해진다.
햇살은 눈 부시지 않고 부드럽게 스며들어
마음의 가장 깊은 곳을 차분히 감싼다.

가을은 요란스럽지 않다.
화려함으로 자신을 드러내지 않고,
그저 곁에 앉아 고요를 건네며
내 안의 그리움을 살며시 깨운다.

스쳐 지나간 시간들이 떠오르고,
돌아갈 수 없는 날들을 그리워하게 된다.
그러면서도 다가올 계절을 기다리는
희미한 설렘 또한 생겨난다.

가을의 숨결은 그렇게
과거와 미래를 동시에 품은 채
오늘을 살고 있는 나를
잔잔히 감싸안아 준다.

2. 한민진

가을 편지

저녁노을이 창가를 붉게 적신다.
바람은 창 사이로 스며들어
오래된 기억을 조심스레 흔든다.
떨어지는 잎사귀는 종잇장처럼 흩날리며
마치 편지처럼 내 곁에 쌓여간다.

나는 그 잎마다 글씨를 새겨 넣는다.
다 전하지 못했던 마음,
가슴속 깊이 숨겨 두었던 말들.

"그대, 잘 지내나요."
"나는 여전히 그날의 가을을 기억합니다."

짧은 문장들이지만
바람에 실려 언젠가는
그대에게 닿을 것만 같다.

모든 계절이 다르지만
가을은 유독 그리움을 짙게 만든다.
차분히 내려앉는 공기 속에서
내 마음의 가장 솔직한 얼굴이 드러나기 때문이다.

혹시 그대도 지금,
같은 하늘 아래에서 이 계절을 기억하고 있을까.
내가 쓰지 못한 편지를
노을빛이 대신 전해주길 바라며,
나는 오늘도 창가에 앉아
가을을 편지로 적는다.

3. 한민진

가을의 고요

들녘은 황금빛으로 물들고,
곡식들은 고개를 숙이며
익어 가는 시간을 노래한다.
멀리 하늘 위에서는
새들이 머나먼 길을 준비하며
무리를 지어 날아간다.

분주했던 여름이 저물고 나면
가을은 우리에게 쉼을 건넨다.
사람의 마음도 계절처럼 흐르기에,
이 고요함은 어느 때보다
깊은 위로가 된다.

나는 가만히 서서 바람을 듣는다.
풀벌레의 울음소리,
낙엽이 흙 위에 닿는 작은 울림,
그리고 그 사이사이에 스며드는 침묵.
그 모든 것이 하나 되어
내 마음을 잔잔히 감싼다.

누군가는 가을을 떠남의 계절이라 말한다.
하지만 나는 떠남 속에서
또 다른 시작을 본다.

끝은 언제나 새로운 시작을 품고 있고,
가을은 그 진실을
가장 고요하게 알려주는 계절이다.
그래서 나는 오늘도
가을의 고요 속에 서서,
다가올 내일을 조용히 기다린다.

1. 김혜지
가을의 바람은 어디로 가는가?

 가을은 언제나 바람으로 온다.
 달라진 기온보다 먼저, 공기의 결이 바뀌었음을 알려주는 건 문틈 사이로 스며드는 서늘한 숨결이다. 그 바람은 피부를 스치며 계절의 전환을 알리고, 마음속에 오래 묻어둔 기억들을 건드린다. 여름의 무거운 숨결은 사라지고, 맑고 얇은 선율 같은 바람이 세상을 채운다.

 어린 시절 운동장에서 뛰던 오후, 흙먼지를 일으키며 달리던 친구들의 웃음이 바람에 흩날렸다. 경기가 끝난 뒤 마신 달달한 음료의 맛과, 집으로 돌아오던 길의 붉은 하늘빛까지—그 순간을 데려온 것도 바람이었다. 바람은 단순한 기류가 아니라, 과거의 문을 열어주는 열쇠다.

어느 날 시골길을 걷다가 나는 코스모스를 보았다.
가을의 살랑이는 바람결에 춤을 추는 코스모스.
하늘거리는 연분홍 꽃잎이 바람에 흔들리며, 마치 웃음을 머금은 소녀처럼 몸을 기울였다. 차가운 바람에도 꺾이지 않고, 오히려 춤추듯 더 활짝 열리던 그 모습은 가을의 진실을 보여주었다. 스러짐이 가까이 와 있어도, 끝까지 아름답게 흔들릴 수 있다는 것. 바람과 꽃 사이에 흐르는 그 교감이 오래도록 내 마음에 남았다.

바람은 도시와 숲에서 서로 다른 이야기를 들려준다. 빌딩 사이를 비집고 들어오는 바람은 금속성의 메마른 소리를 내고, 숲길의 바람은 낙엽을 흩뿌리며 선율처럼 다가온다. 같은 계절의 숨결이지만, 배경에 따라 전혀 다른 언어를 말한다. 사랑이 그러하다. 같은 감정일지라도 누구와 함께하느냐에 따라 완전히 다른 풍경으로 빛난다.

나는 이렇게 고백한 적이 있다.

너라는 계절을 만났다.
붉게 발그레해지는 단풍이 되어
가슴팍에 폭 안기고 싶다.

한결같은 마음으로
설레는 억새처럼
내 마음을 간지럽히는
너라는 계절을
나는 어찌 사랑하지 않을 수 있을까.

 사랑은 바람처럼 다가와 마음을 흔든다. 따스하다가도 차갑게 변하고, 머물다 이내 떠난다. 그러나 떠났다고 해서 완전히 사라지지는 않는다. 코스모스가 흔들린 자리에 여전히 향기를 남기듯, 사랑도 지나간 후에 긴 여운을 남긴다.

 내 삶에도 그런 바람들이 있었다. 낯선 여행지로 떠난 순간, 예상치 못한 인연, 준비되지 않은 선택들. 모두 두려움을 안겼지만, 지나고 나면 삶의 방향을 바꿔 놓았다. 바람은 익숙한 풍경을 무너뜨리고, 새로운 길을 열어주었다. 나무에서 잎을 떨궈내듯, 내 안의 불필요한 것들을 내려놓게 했다.

 바람은 결국 사라지지만, 그 흔적은 오래 남는다. 잠든 마음을 깨우고, 기억을 흔들며, 다음 계절을 준비하게 한다. 그래서 나는 믿는다. 가을의 바람은 결코 사라지지 않고, 우리 안에 남아 또 다른 길을 열어 준다고.

 가을의 끝자락, 나는 다시 묻는다. 가을의 바람은 어디로 가는가.
 답을 알 수는 없지만, 그 질문을 던지는 순간 나는 이미 바람의 한가운데 서 있다. 그리고 그 물음은 결국 나 자신을 향한, 대답 없는 고백이 된다.

2. 김혜지

가을의 깊은 숨결

  가을은 빛보다 먼저 공기 속에 스며든다. 여름의 뜨거움이 물러나고 아침 창문을 열면 서늘한 바람이 이마를 스친다. 햇살은 한결 투명해지고, 하늘은 높아진다. 사람들은 단풍이 물들어야 가을이라 하지만, 내게는 공기의 결이 바뀌는 순간이 계절의 시작이었다. 그 속에는 이미 사라져가는 여름의 뒷모습과 다가오는 겨울의 그림자가 동시에 담겨 있었다.

  가을은 색으로 계절을 증명한다. 들판은 황금빛으로 익어가고, 나무들은 저마다의 속도로 붉고 노랗게 타오른다. 해가 기울면 하늘은 주홍빛으로 번지고, 길가의 코스모스는 바람에 흔들리며 춤을 춘다. 그러나 그 화려함은 오래 머물지 않는다. 절정을 맞이한 순간 이미 사라질 준비를 하고 있기 때문이다. 그래서 가을의 빛은 더 짙고, 더 눈부시다. 짧기에 더 절실한 순간.

 어린 시절, 가을은 운동회의 계절이었다. 운동장은 북적였고, 아이들의 이름을 부르는 목소리와 북소리가 공기를 울렸다. 부모들은 손수건을 흔들며 응원했고, 사진기를 들고 아이들의 땀과 웃음을 기록했다. 그러나 내 자리에는 늘 빈자리가 있었다. 할머니와 할아버지는 단 한 번도 오지 않았다.

 나는 알고 있었다. 사촌 언니의 학교 행사에는 빠짐없이 가셨다는 사실을. 예쁘고 공부 잘하고 인기 많던 언니의 입학식과 운동회, 졸업식에는 늘 꽃다발을 들고 함께 하셨다. 그러나 정작 당신들이 키운 외손녀의 순간에는 발걸음하지 않았다.

 어린 마음은 그 차이를 곧바로 이해할 수 없었다. 나는 스스로를 탓하기도 했다. 혹시 내가 덜 예뻐서일까, 덜 잘나서일까. 알 수 없는 물음이 마음속에 쌓일수록 서운함은 곪아갔고, 질투와 미움이 언니를 향했다. 잘못은 언니에게 없다는 걸 알면서도, 누군가를 원망하지 않고서는 버틸 수 없었다. 햇살이 환하게 운동장을 비췄지만, 내 마음은 서늘한 그늘에 잠겨 있었다. 사람들의 환호 속에서도 나는 혼자였다.

그 기억은 오래도록 그림자처럼 남았다. 흙먼지가 날리던 운동장, 바스락거리던 낙엽, 귓가를 울리던 함성. 다른 이들에겐 즐거움의 풍경이었겠지만, 내겐 상처의 무대였다. 시간이 흘러도 그 장면은 사라지지 않았다. 가을이라는 계절은 그때부터 나에게 화려함과 결핍을 동시에 품은 이름이 되었다.

그러나 아이러니하게도, 나는 여전히 가을을 사랑한다. 가을은 상처를 떠올리게 하면서도 묘한 위로를 건넨다. 붉게 물든 단풍은 이렇게 속삭이는 듯하다. "비교당하던 시절도, 외면당하던 순간도, 그럼에도 너는 살아왔다." 바람에 흩날리는 낙엽은 말한다. "잃어버린 자리 위에서도 다시 새로움이 자란다." 가을은 언제나 상실과 회복을 함께 가르쳐주었다.

가을의 바람은 단순한 흐름이 아니었다. 그것은 귀를 스치는 음악이자 오래된 기억을 흔드는 메아리였다. 바람이 불면 나는 다시 운동장의 소란을 떠올린다. 환호 속에서도 홀로 앉아 있던 내 자리, 텅 빈 의자, 외로움에 잠겨 있던 작은 아이. 그 기억은 여전히 아프지만, 동시에 지금의 나를 만든 한 조각이었다.

 가을은 고요의 계절이다. 여름의 소란이 사라지고, 겨울의 적막이 오기 전의 짧은 침묵. 그 사이에서 사람은 자기 내면과 마주한다. 창가에 앉아 흩날리는 낙엽을 바라보면, 오래된 서운함과 질투가 다시 떠오른다. 그러나 이제는 다르다. 미움으로만 남던 감정은 내 삶의 무게와 결을 보여주는 증거가 되었다. 계절은 흘러갔지만, 흔적은 사라지지 않았다. 오히려 그 흔적이 나를 단단하게 만들었다.

 가을은 끝이 아니다. 나무가 잎을 떨구는 건 소멸이 아니라 순환의 일부다. 떨어진 낙엽은 흙이 되어 뿌리를 키우고, 곡식이 거둬진 자리에는 다시 씨앗이 준비된다. 겉은 비워지지만 속은 채워지는 계절. 가을은 늘 역설을 품고 있다. 소멸과 시작, 허무와 충만, 외로움과 위로가 동시에 존재하는 계절.

나는 믿는다. 가을은 사라지는 계절이 아니라 새로운 시작의 문턱이라고. 빛은 바래도 가을의 그림자는 오래 남는다. 추억은 희미해져도, 가을의 냄새와 바람은 쉽게 사라지지 않는다. 그래서 가을은 매번 돌아와 내 마음을 흔들고, 또 다른 길을 열어준다.

가을은 나를 외롭게도 했고, 단단하게 만들었다.
그리고 나는 그 계절을 여전히 사랑한다.

3. 김혜지

가을이 저물면서 빛난다

 가을은 언제나 저물면서 빛난다. 끝으로 향할수록 더 선명해지고, 스러질수록 더 눈부셨다. 나무는 새잎을 내지 않는다. 대신 이미 가진 잎을 불꽃처럼 태운다. 단풍은 붉고, 노랗고, 갈색으로 물들며 절정에 이른다. 그러나 그 절정은 오래 머물지 않는다. 아름다움은 언제나 가장 짧게 피었다가 사라진다. 그래서 가을은 늘 빛나고, 동시에 쓸쓸하다.

 가을의 공기는 여름의 열기를 삼킨 듯 묵직하지만, 겨울의 서늘함을 살짝 품고 있다. 창문을 열면 서늘하면서도 다정한 바람이 스며든다. 그 바람에는 벼 냄새와 낙엽의 마른 향이 따라오고, 어디선가 나는 연기의 냄새는 오래된 기억을 불러낸다. 가을은 냄새로 다가와, 마음속 가장 오래된 서랍을 열어젖힌다.

가을빛은 낮고 투명하다. 여름의 햇살이 정수리 위에서 쏟아질 때는 사물의 윤곽이 번져 보였지만, 가을의 빛은 결을 뚜렷하게 드러낸다. 오후 햇살이 창문을 통과할 때, 먼지 입자 하나까지 선명히 반짝인다. 그 빛은 저물어 가면서도 가장 따뜻하다. 낮은 사라지는데, 빛은 오히려 더 짙어진다. 저문다는 건 곧 사라짐이 아니라, 다른 방식의 남음이라는 것을 가을은 알려준다.

내게 가을은 한때 국화축제로 기억된다. 이름만 국화축제였지, 정작 국화는 보이지 않았다. 대신 코스모스가 한가득 바람에 몸을 맡기며 웃고 있었다. 분홍빛과 흰빛의 꽃잎들이 흔들리며 고개를 끄덕였다. 국화를 기대했지만 코스모스가 맞이해 준 풍경은 오히려 더 오래 남았다. 삶이 늘 이와 같지 않은가. 기대와는 다른 풍경이 펼쳐지지만, 그 어긋남이 때로는 더 찬란하다.

그날 나와 함께한 동네 오빠는 어째서인지 내가 자기를 좋아한다고 단단히 믿고 있었다. 나는 아니라고 몇 번이고 말했다. 그러나 그는 미소만 지었다. 소 귀에 경 읽기라는 말이 그때만큼 잘 어울린 적도 없었다. 코스모스는 바람에 환히 웃고 있었는데, 정작 나는 웃지 못한 채 어색하게 서 있었다.

나는 지금도 종종 생각한다. 대체 어떤 포인트에서 내가 그를 좋아한다고 착각했을까. 같이 축제에 간 사실? 코스모스 사이에서 함께 사진을 찍었던 장면? 내가 무심코 지은 웃음 하나? 아니면 애초에 그가 나를 좋아하고 싶었기에 모든 것을 그렇게 읽어버린 걸까. 지금 돌이켜도 알 수 없다. 다만 한 가지는 분명했다. 그는 확신했고, 나는 부정했다. 그러나 확신은 부정보다 큰 목소리를 남겼다.

그 순간의 풍경은 오래도록 선명하다. 원하지 않았던 감정의 무게와, 그럼에도 환하게 피어 있던 코스모스의 얼굴이 겹쳐져, 가을은 내게 달콤 쌉싸름한 계절로 남았다. 코스모스는 웃고 있었지만, 나는 웃지 못했다. 어긋남이야말로 가을의 아이러니였다.

그리고 오랜 시간이 흘러, 몇 년 만에 다시 만난 동네 오빠는 어느새 아이 아빠가 되어 있었다. 그는 담담히, 그러나 지쳐 보이는 얼굴로 말했다. 이혼 소송 중이라고. 나는 순간, 국화 대신 코스모스가 웃어주던 그날을 떠올렸다. 그때는 웃지 못하던 내가 있었고, 지금은 웃을 힘조차 잃어버린 그가 있었다. 절정 같던 순간은 이미 저물어 있었고, 저물면서도 여전히 빛을 남기는 것이 삶이라는 사실을, 그때 다시 깨달았다.

 가을은 저물어 가면서 모든 것을 드러낸다. 발밑에서 낙엽이 바스락거리고, 바람은 가지 사이를 스치며 작은 악기를 울린다. 멀리서 까마귀 울음이 들리면 풍경은 완성된다. 이 소리들은 모두 사라져 가는 소리다. 그러나 그 사라짐이야말로 가을의 교향곡이다. 끝을 노래하면서도, 동시에 빛을 남긴다.

 가을은 모순의 계절이다. 풍요와 허무, 따뜻함과 쓸쓸함, 시작과 끝이 함께 있다. 나무는 잎을 떨구지만 뿌리를 키우고, 들판은 결실을 거둔 뒤 비워지지만, 곧 새로운 씨앗을 품는다. 그래서 가을은 끝이 아니다. 저물면서 빛나는 까닭은 바로 여기에 있다.
 삶도 그렇다. 봄의 청춘, 여름의 열정을 지나면 누구

나 가을에 선다. 외적인 빛은 서서히 줄어들지만, 내적인 빛은 더 깊어진다. 잃은 것이 많아질수록, 남은 것의 소중함은 더 크게 다가온다. 삶의 가을은 저물면서 가장 아름답게 빛난다.

 가을은 나를 고독하게 하지만 동시에 단단하게 만든다. 소란스러운 계절에는 들리지 않던 내 안의 목소리가, 가을에는 뚜렷해진다. 그 목소리는 후회이기도, 감사이기도, 새로운 다짐이기도 하다. 침묵 속에서 삶은 다른 얼굴을 보여준다.

 저녁 무렵, 서쪽 하늘이 붉게 저물 때 나는 가을을 떠올린다. 낮이 끝나가면서 가장 아름다운 색을 내듯, 가을도 저물면서 가장 찬란하다. 바람은 차갑지만 그 안에 따스함이 있고, 나무는 잎을 떨구지만 빈 가지는 봄을 준비한다. 가을은 끝을 말하지만, 그 끝은 또 다른 시작이다.

 가을은 저물면서 빛난다. 그것은 계절만의 이야기가 아니다. 줄어드는 듯 보이지만, 그 속에서 더 깊고 단단한 빛이 자란다. 국화 대신 코스모스가 웃어주던 그 날도, 시간이 흘러 다시 만난 그 오빠의 지친 얼굴도, 모두 내게 가르쳐 주었다. 저문다는 건 끝이 아니라, 또 다른 빛의 방식이라는 것을.

 나는 믿는다. 가을은 저물면서 가장 아름답게 빛난다고.

1. 감성적인 집순이

가을에게

계절과 계절을 이어준 것은
편지 한 통이었어요.

여름이 느려지는 시곗바늘을
설익은 이슬에 담가서
밤새워 써 내려간 편지,
소슬바람이 고이 챙겨
가을에게 전해주었지요.

'저는 아직
사랑의 정의를 다 알지 못하지만,
당신을 기다리면서
조금은 알게 되었습니다.
당신이 저를 잊지 않은 것과

같은 의미일까요?
어서 저를 찾아와주세요.
쏟아지는 석양빛 눈물에
말을 잇지 못하겠지만,
당신의 나이테들을 어루만지며
이 서툰 마음을 전하고 싶습니다.
그때 우리 꼭 함께 바래져 가요.

추신: 처음으로 함께 걸었던
그 수평선 끝에서 기다리고 있겠어요.'

2. 감성적인 집순이

인연은 익어가는 것

어쩌면 세상 모든 인연은
푸르게 시작할지도 모른다.

세상이라는 커다란 나무에
홀로 외로이 매달려 있다가
가끔 옷깃 스치는 이의 생각으로
점점 붉게 익어가는 것.

그리고 어쩌면 세상 모든 인연은
맺어지는 것이 아니라
안착하는 것일지도 모른다.

삶이라는 세찬 바람에
마음의 방향이 닮은 이와 함께
꿋꿋하게 날아가다
적당한 곳에 내려앉는 것.

1. 이지운

그날의 영화는 슬펐다

한적한 평일 저녁.

어느새 다 떨어져 버린 낙엽의 거리를 지나, 골목 안으로 걸음을 옮겼다.

목적지는 골목 끝에 있는 동네 영화관. 종종 들리곤 했던 곳인데, 이제는 마지막을 며칠 앞두고 있었다. 색이 바랜 간판을 지나면 '최신 상영작'이라는 액자 속, 포스터가 보인다. '최신'과는 거리가 먼, 수년 전의 영화지만 상관없었다. 어떤 영화가 걸려있건, 이곳은 찾는 몇몇 이들은 그런 것에 신경 쓰지 않는다.

그저 마음껏 눈물을 흘릴 수 있는 곳이, 답답함을 달랠 수 있는 곳이, 마음을 털어놓을 수 있는 곳이 필요해서 찾는 거니까. 내가 그랬듯이.

연인과 헤어진 뒤에 혼자서 많이도 울었었다. 누구도 방해하지 않는 영화관 중앙에서 영사기 소리를 덮을 정도로 소리 내어 운 적도 있다. 토닥여주는 이도,

위로의 말을 건네는 이도 없지만, 이곳에 있는 것만으로 답답한 마음이 해소되곤 했었다.

"안녕하세요."
"어이."

흰머리 할아버지가 앉아 있는 작은 부스 앞에서 인사를 건네고, 관람권 한 장을 받았다. 인쇄된 종이 관람권은 비어 있는 네모 칸에, 영화 제목과 가격이 펜으로 휘갈겨 쓰여 있었다. 요즘 볼 수 없는 귀한 거라서, 언제부턴가 이곳의 종이 표를 하나씩 모아두었다. 추억 속에 사라질 모습들을 조금이라도 오래, 기억 속에 붙잡아두고 싶은 마음 때문이었다.

"……역시."

오늘도 관객은 혼자다.
마지막을 알리는 안내판이 붙은 이후론 사람이 더 없어졌다. 큰 거리에 생긴 대형 영화관도 한몫했겠지. 아날로그적인 감성을 느끼려면 소극장을 찾거나, 이런 동네 영화관 밖에 남지 않았다. 그마저도 점점 사라지겠지만.

"오늘은 실패하지 않길."

 주문을 외우듯이, 익숙한 발걸음으로 오래된 자판기 앞에 섰다. 종종 500원짜리를 삼켜버리는 자판기여서, 언젠가부턴 실패가 없기를 주문처럼 외우며 돈을 넣었다. 다행히 오늘은 성공. 덜컹거리며 선택을 받은 음료가 굴러떨어졌다.
 자판기에서 나의 선택은 언제나 커피였다. 중독이기도 했고, 목을 탁 쏘며 영화의 흐름을 방해하는 탄산보다는 커피가 나았다. 게다가 낡은 것 치고는 꽤 시원한 편이어서, 영화를 보며 홀짝거리기에 좋았다.

 끼익.
 문을 열고 들어가 지정석처럼 굳어진 내 자리에 앉았다. 좌석이 지정되지 않아 먼저 앉는 게 임자다. 지금까지 단 한 번도, 이 자리를 빼앗긴 적은 없었다. 그만큼 찾는 사람이 적었기에 가능한 일이었다.

'지이잉. 지이잉.'

앉자마자 스마트폰 진동이 몇 차례 울었다.
먹통이 된 화면은 발신자를 보여주지 않았다. 수리받으러 간다는 걸 깜빡했다. 망할 건망증. 인간관계가 그리 넓지 않은 데다가, 회사에서도 폰을 만질 일이 적어 까먹기 일쑤다. 누구인지 궁금하지만, 전화를 받진 않았다. 퇴근 후 허락된 혼자만의 시간. 마지막이 얼마 남지 않은 이 시간을 방해받고 싶진 않았으니까.

"어?"

스마트폰 전원을 끄고 가방에 넣는 순간, 문이 열리며 남자가 들어왔다. 평일 저녁의 관객이 오랜만이라, 나도 모르게 말이 새어 나와 버렸다. 남자는 살짝 고개를 숙여 보이고는 근처에 앉았다.

'이곳을 아는 사람이다.'

망설임 없이 자리에 앉는 것만으로도 알 수 있었다.

작은 영화관에도 명당은 존재한다. 화면이 잘 보이거나, 소리가 잘 들리는 곳을 말하는 게 아니다. 이곳의 명당은 다른 자리보다 한 계단 정도 위에 있는 구석진 자리를 말한다. 마음껏 눈물을 흘릴 수 있는 곳이, 답답함을 달랠 수 있는 곳이 필요한 거니까. 그런 이유로 어둠 속에 묻혀서 누구에게도 표정을 들키지 않는 자리가 이곳의 명당이었다.

7년을 만난 연인과 헤어진 날, 상사에게 깨진 날, 친구와 싸운 날, 장례식에서 돌아오던 날. 그런 특별한 날이 되면 명당은 내 차지가 되었다. 화면에서 어떤 장면이 나오건 상관없이 울고 또 울었다. 그렇게 눈물을 쏟아내면 한결 가벼워진 기분이 되었고, 영화가 끝날 때쯤이면 감정을 다스릴 줄 아는 상태가 된다.

'슬픈 일이 있는 건가.'

영화가 시작되며 어둠에 가려진 남자의 표정은 보이지 않았다. 궁금증이 일렁였지만, 이곳을 찾은 누군가의 목적을 방해하기 싫었다. 나는 고개를 가로저으며 화면으로 시선을 옮겼다.

 그날의 영화는 무척이나 슬펐다.
 쓸쓸한 가을 날씨와 잘 어우러지는 로맨스이기도 했지만, 파르르 떨리는 남자의 어깨가 두 눈에 가득 담겨서 더 그랬다. 남자의 흐느낌이 영화의 대사를 덮어 버렸지만, 기분이 나쁘진 않았다. 나도 그랬으니까, 이해할 수 있었다. 이유를 알 수 없는 그 슬픔이 조금은 나아지길 바라며, 마음속으로 그의 슬픔을 다독여주었다. 그러다 숨겨둔 내 슬픔이 다시 꺼내어져, 울컥 눈물이 흘러버렸다.

 이유 모를 남자의 슬픔과 나의 옛 슬픔, 그리고 마지막을 바라보는 이곳의 기억까지 더해져, 그날의 영화는 무척이나 슬펐다. 가슴 한편이 아련히 아파질 정도로.

1. 루시아(혜린)

물음표

가을이란 게 있긴 한가요?
묻는 자는 순순히 묻는 것도 아니었고,
분노하듯 묻는 것도 아니었다.
그저 사라진 가을의 행방을 찾는 듯
가을을 아는 누군가에게 묻고 있을 뿐이었다.

가을은 정해진 기준을 벗어나
사라진 듯 나타나지 않았다.
가을을 기다리는 사람은
그저 언제 올지 모르는 가을을 기다리며
그 긴 기다림의 시간을 보낸다.

1. 이혜련

가을

시련을 잊기 위해 빈번하게 운동하러 다니던 길에는 발자국처럼, 손바닥처럼 낙엽이 쩍쩍 붙어있곤 했습니다. 때로는 굴러다니고 때마침 떨어지기도 했으며 때마다 나는 물끄러미 서서 빈 가지를 올려다보았습니다.

저 자리에는 어떤 기억이 머물다 갔을까요. 새로 돋아날 설렘보다는, 지난 잔향을 되새기며 쓸쓸한 기분이 듭니다. 망각을 반복할 계절이 아득하기만 합니다.

잎이 떨어진 경로를 따라 시선을 옮깁니다. 전하지 못한 마음이 없는지 한참을 귀 기울이다가 걸음을 옮깁니다.
미련 가득한 가을입니다

1. 이연화

앵둣빛 사랑

가을 햇살이
마음 깊이 스며들면
키 작은 나무 한 그루
붉은빛으로 물들며
자라나지.

앵둣빛처럼
우리의 사랑도
달콤히 익어갔지.

너의 웃음,
너의 미소,
너의 포근함이
내 세상을 가득 채웠지.

그때 우리는
가을 한가운데
서로의 계절이었지.

1. 숨이톡

가을빛 사랑

붉어진 낙엽에도
볼 빨간 당신 모습 떠오르는 건
당신께 물들어간 내 마음입니다.

뜨거운 밤들지나
흠뻑 젖은 빗물들로 스며드는 건
당신만 기다렸던 내 가슴입니다.

바람으로 불어오고
비춘 마음 쌓여만 가
그리움이 깊어져 꺼지지 않는
가을빛이 내게는 사랑인가 봅니다.

당신도 그런가요?
당신은 그런가요?

떨어지는 낙엽들이
꽃비가 내려오듯 내게 오는 건
당신과 같이 걷는 내 사랑입니다.

보기에도 아까운 당신이기에
보는 것도 수줍어 바라봅니다.

그런 당신이 내게도 있어
이런 나는 참 행복합니다.

1. 남화정

바스러지기 전에

떨어지는 낙엽을 잡으려 이리저리 손을 휘저어 본다
왜 낙엽에는 소원을 담는 말이 없을까
떨어지는 벚꽃을 잡으면 소원이 이루어진다는 말도 있는데

아마 낙엽이 손에 닿으면 금방 바스러져
소원마저 흩날려 버릴 것만 같아서일까

낙엽이 되어 내게 내려온다는 너를 부서지지 않게 품는다

우리의 소원이 이루어질 수 있도록
네가 다시 내 곁으로 돌아올 수 있도록

2. 남화정

가을의 시작

붉게 물드는 단풍보다 먼저
나를 물들이는 작은 잎이 그 시작을 알렸다

건조한 공기 속
코끝에서 떨어지는 붉은 조각

뚝... 뚝

아, 이제 가을이 왔구나

떨어지는 단풍이 아닌 내 안의 붉음이
스며들어 가을을 더 붉게 물들인다

1. 조현민

독서의 계절

 가을이 오면 공기는 조금 차가워지고 하늘은 유난히 높아진다. 길가에 떨어진 낙엽은 바람에 흩날리며 지나가는 사람들의 발걸음을 부드럽게 감싼다. 그 속에서 나는 자연스럽게 책을 찾는다.

 가을은 언제나 독서의 계절이었다. 여름의 뜨거운 햇살과 분주한 일상 속에서 미뤄두었던 이야기들을 꺼내 읽기에 이 계절만큼 완벽한 때가 없다는 생각이 든다. 따뜻한 커피 한 잔과 창밖으로 스며드는 햇살 그리고 손끝에서 느껴지는 책의 질감 그 모든 것이 나를 이야기 속으로 부드럽게 이끈다.

 책장을 넘길 때마다 느껴지는 잔잔한 설렘 그리고 문장 하나하나에 스며드는 작가의 숨결은 마치 낙엽이 바람에 날리듯 내 마음에도 잔잔히 스며든다. 가을의 쓸쓸함과 차분함이 책 속 이야기와 어우러져 나를 더 깊은 곳으로 데려간다.

 이 계절에는 누군가와 함께 나누는 이야기보다 혼자서 천천히 음미하는 이야기가 더 소중하게 느껴진다. 가을은 나를 그리고 내 마음을 읽게 하는 계절이다.

 낙엽이 쌓인 길을 걸으며 나는 오늘도 책과 함께 가을을 걷는다. 그리고 그 속에서 새로운 나를 발견한다.

1. 고해

노란잎 사랑

  노랗게 물든 가을바람은 선선하고, 소녀의 발걸음을 쫓던 아이는 걸음을 멈췄다. 꽃이 져버린 계절 소녀의 입가엔 미소가 만개했다. 가을을 타는 건지 작은 종잇장에 글을 쓰기 시작했다. 소년은 몰래 숨어 소녀를 바라봤다. 가을바람과 잘 어울리는 모습에 떨림이 느껴졌다. 얼마나 아름다운지 돌아온 계절을 얼마나 기다렸는지. 가까운 빵집에 들러 초코 소라빵을 집어 들었다. 소녀가 좋아하는 소라빵은 곧 사라질 예정이다. 가을바람과 함께 떠나가지 않을까.

  소녀가 머무는 계절은 너무나 짧다. 가장 좋아하는 계절이지만, 소녀는 가을밖에 모른다. 소년은 소녀밖에 모르고, 남은 계절은 다른 사람들의 것이다. 소녀를 사랑해 버린 소년은 다른 계절을 잊어버리고 은행이 무수한 가을을 기억했다. 다람쥐는 겨울잠을 준비한다. 도토리 서너 개를 입에 물고 겨울을날 준비를 하지만, 소년은 아직 가을에 머물고 있다. 아직 잠에 들기에 초가을을 반겨야 한다.

초코소라빵을 한입 베어 물고 소녀를 바라봤다. 가을이 오면 볼 수 있는 소녀, 계절 타고 사라지는 소녀는 쉽게 사랑할 자신이 없었지만, 소년은 여전히 소녀를 사랑한다. 가을이 사라지면 소녀도 사라져 버리지 않을까 무섭다. 소년은 두 손을 벌벌 떨면서 늘 가을이 오길 기다리고 있다. 서랍 안쪽에도 1년 전 넣어두었던 단풍잎이 여전하다. 소녀가 아니었다면 소년은 가을을 잊어버렸을지 모른다. 소년은 소녀를 바라보며 가을을 맞이했다.

가을바람은 늘 선선하지만, 어느 계절보다도 편안하다.

소녀는 가을이 오면 입을 코트가 좋았고 가을이 오면 볼 수 있는 단풍잎이 좋았다. 가을이 오면 보이는 소년이 좋았다. 소녀는 소년을 느끼고 있었다. 가을이란 계절 안에서 번진 노란잎 사랑은 날이 좋아서 걷고 싶어진다. 날이 선해졌으니, 당신이 올 계절이 돌아왔으니. 소녀는 가을 소년을 좋아했고 늘 자신을 따르는 발걸음 소리가 좋았다. 싱그러운 아침이 밝아올 때면 웃음이 났다.

 소녀는 소년을 기다렸고 소년은 소녀를 기다렸다. 어쩌면 가을이 아니었으면 만나지 못할 운명, 피어오르는 가을이라는 계절. 소년과 소녀의 사랑 이야기는 계속되었지만 몇 해간 마주 볼 수 없었다. 가을이 머물 틈도 없이 지나가 버린 탓에. 소년은 소녀를 그리워했다. 돌아오기만을 기다리며 언젠가 다시 스칠 날을 기다렸다.

1. 문미영

알록달록 옷을 입고 반기는 가을

나무가 빨갛게 옷을 입는다
나무가 노랗게 옷을 입는다
예쁘게 우리를 맞이한다
바닥에 떨어진 은행 열매를 밟으면 역한 냄새로 나를
반겨주기도 한다

가을이 오면 날이 쌀쌀해지고
트렌치코트를 꺼내 입는다
아침저녁으로 쌀쌀하지만 내 마음도 쌀쌀해진다

1. 임만옥

가을에 물드는 시간

단풍이 드는 시간은 제각각 다르다.

가을이 왔다고 모든 나무가 한꺼번에 붉어지는 것은 아니다. 어떤 잎은 빠르게 물들어 찬란한 빛을 뿜어내고, 어떤 잎은 천천히 자기만의 속도로 빛깔을 바꿔 간다. 또 어떤 잎은 늦게야 겨우 색을 입고, 어떤 잎은 끝내 푸른빛을 지키다 겨울을 맞는다. 그래서 가을 산에 오르면 언제나 다채로운 색이 공존한다. 빨강, 주황, 노랑, 여전히 남아 있는 초록까지, 그 어울림이야말로 가을의 풍경을 완성한다.

사람의 마음도 이와 크게 다르지 않다. 누군가는 변화 앞에서 곧장 마음을 열고 새로운 계절을 받아들이지만, 누군가는 시간이 오래 걸린다. 또 어떤 이는 조금은 서툴게, 혹은 끝내 잘 적응하지 못한 채 자신만의 속도로 살아간다. 그러나 그 어떤 모습이라도 잘못된 것은 없다. 단풍이 저마다의 속도로 물들듯, 우리의 마음도 각자의 시간에 맞게 물드는 법이다.

 나는 상담실에서 수많은 내담자를 만난다. 그들의 이야기를 듣다 보면, 저마다 "나는 왜 이렇게 느릴까요?" "왜 나는 남들처럼 쉽게 잊지 못할까요?"라는 질문을 던진다. 마음의 변화가 빨리 찾아오기를 바라면서, 그렇지 못한 자신을 탓한다. 하지만 나는 늘 이렇게 답한다. "괜찮습니다. 당신의 시간은 당신만의 시간이에요."

 심리학에서는 치유와 회복에도 '개인적 시간'이 있다는 사실을 강조한다. 외상 후 스트레스 장애를 겪는 사람도, 이별의 상처를 안고 살아가는 사람도, 불안과 우울에 흔들리는 사람도, 각자의 속도로 회복해 간다. 누군가는 단 몇 달 만에 새로운 삶의 발걸음을 내딛기도 하지만, 또 누군가는 몇 년이 지나야 비로소 한숨 돌릴 여유를 찾는다. 중요한 건 남들과 속도를 비교하는 게 아니라, 지금 내가 어디쯤 있는지를 스스로 인정하는 일이다.

단풍을 보며 문득 깨닫는다. 가을은 누구에게나 같은 시기에 오지만, 물드는 방식은 다 다르다. 그것은 자연의 이치이자, 아름다운 다양성이다. 사람의 삶도 그렇다. 같은 나이에 결혼하고, 같은 나이에 취업하고, 같은 나이에 무언가를 성취해야 한다는 기준은 우리를 옥죄는 틀일 뿐이다. 누구는 서른에 꽃을 피우고, 누구는 쉰에 열매를 맺는다. 그것은 늦음이 아니라, 각자의 빛깔로 물드는 과정이다.

내 마음 역시 그랬다. 나는 늘 누군가보다 빠르게, 앞서가야 한다는 강박 속에 살아왔다. 글을 쓰면서도, 상담을 하면서도, "더 잘해야 해, 더 빨라야 해"라는 생각에 스스로를 채찍질했다. 하지만 계절은 내게 가르쳐 준다. 억지로 앞당긴 가을은 없다. 서두른다고 잎이 더 아름답게 물드는 것도 아니다. 자연은 언제나 자기 시간을 따른다. 나 역시 내 삶의 속도를 존중해야 한다.

가끔은 아직 푸른 잎이 부끄럽다. 모두가 붉게 물드는 것 같은데 나만 여전히 제자리에 있는 것 같아 초조하다. 하지만 조금 더 들여다보면, 초록은 초록대로 아름답다. 가을 햇살 아래 남아 있는 푸른 잎은 특별한 생명력을 보여준다. 누군가는 그 푸름 덕분에 여전히 여름의 기운을 느낄 수 있고, 계절의 전환이 더욱 선명해진다.

상담실에서도 마찬가지다. 상처가 천천히 아물어가는 사람을 볼 때, 나는 그 과정이 얼마나 귀한지 안다. 아물지 않은 마음 덕분에 우리는 더 오래 머물며, 더 깊이 이해하고, 더 따뜻하게 연결된다. 빠른 치유만이 능사가 아니다. 때로는 늦게 물드는 단풍처럼, 천천히 스스로의 리듬을 따라갈 때 마음은 더 단단히 자리 잡는다.

가을은 내게 말한다. "괜찮아, 아직 물들지 않아도 돼. 네 속도대로 가면 돼."
그 속삭임에 귀 기울이다 보면, 내 마음이 한결 가벼워진다. 나는 다른 누구와도 비교할 필요가 없다. 단지 내 마음이 내 시간을 따라 흘러가도록 지켜봐 주면 된다.

 이 가을, 나는 조금 더 느리게 걷기로 했다. 앞서 물든 잎들을 부러워하지 않고, 아직 초록을 간직한 내 마음을 다독이며. 어쩌면 나도 곧 어떤 빛깔로든 물들어 갈 것이다. 그때가 오면, 지금 이 기다림의 시간도 소중한 기억으로 남으리라.

 가을은 늘 먼저 와서 나를 마중한다. 그러나 물드는 건 각자의 몫이다. 서두르지 않고, 비교하지 않고, 그저 내 속도를 존중하며 걷는 것. 그것이야말로 삶을 사랑하는 가장 온전한 방식이 아닐까.

2. 임만옥

가을

다시 온 계절
오지 않을 줄 알고
기억 속에만 남겼다.

바람에 실린 낙엽 향기
햇살에 번지는 노을빛이
그때의 마음을 다시 불러낸다.

스쳐 간 줄 알았던 순간들
사라진 줄 알았던 웃음이
가을빛 사이로 되살아난다.

계절은 떠났다가도 돌아오고
사랑은 멀어진 듯해도
다시 마음 한켠에 물든다.

1. 신정현

추사

서리 바람 낙엽을 재촉하매
허공에 흩어져 흘러가고

해는 서산에 기울어
황금빛 장막을 드리우니
하루가 고요히 저물어 간다.

이 적막한 광경 앞에서
나는 걸음을 멈추고
사라짐 속에 깃든
평안의 이치를 배운다.

1. 문정빈

반지하에도 별은 뜬다

새까만 하늘 휘영청 걸린 저 보름달이 모두를 비추는 곳,
하늘에 가장 가까워 신의 은총을 받는다고 생각되는 그곳에
빛줄기 하나 들지 않는 작은 반지하방이 있었다.

더운 여름날이면 흐르는 짠 내 섞인 땀을 닦으며,
누런 가을날이면 곱게 쌓인 낙엽을 살포시 밟으며,
추운 겨울날에는 정강이 관절을 위해 조심스럽게.
모두가 잠든 새벽에 집을 나서 대문을 쓸고
모두가 잠든 밤에야 집에 오는 사람이 있었다.

나이에 맞지 않는 주름이 몸 틈 사이사이 박히고
탐스러운 다이아 알반지가 자리 잡기보다는
동네 약국 천오백 원짜리 대일밴드가 손가락을 덮은

사람이 있었다.

여느 때처럼 고요하던 가을의 문턱에서,
낮은 높이의 계단이 촘촘히 틈을 메꾼 대문 앞을 살금살금-
저를 기다리다가 단잠에 빠져버린 제 새끼를 깨우지 않기 위해
혹여나 낙엽이 흩어지는 소리에 깰까 다리에 힘을 부릅 주고 살금살금-

방에 들어오고 나서야 온몸에 긴장이 풀린다.
저 이불을 깔아놓고 등을 굽어 잠에 든 모습 옆에
스르르- 함께 등을 굽고 스러진다.

솜털이 보송보송하게 자란 뺨을 쓸어보며,
어느덧 명치께까지 자란 키를 지레짐작해 보며,
고르게 흐르는 숨소리에 맞춰 등을 쓰다듬어보며,
천장 위에 수놓은 별을 바라보았다.

우주는 어릴 적 보던 과학책 속 모습과 다르게 너무

도 작았고,
별들은 세상 전체를 비출 정도로 밝지 못했으며,
중력은 계속해서 그를 아래로 끌어당길 뿐이었다.

그날, 그가 유일하게 볼 수 있던 밤 풍경은
젊은 날 품었던 광활한 고비 사막의 은하수가 아닌,
젖먹이 시절 제 새끼를 위해 붙인 천장 위 야광 별 스티커였다.
더덕더덕 천장을 가득 메운 밤 풍경이 한스러울 뿐이다.

다크서클이 깊게 패인 눈을 고이 감으면,
마침내 초신성들의 폭발이 시작된다.
잊고 지내던 수많은 슬픔의 별들이 우주쇼를 이룬다.

아, 슬픔의 다른 말은 별들이요.
별에 맺힌 과거의 기억들이 현재를 헤집는 탓이다.

어미의 맑고 뽀얀 젖을 먹이지 못한 날,
중고 나라에서 무료로 나눔 하던 헌 장난감을 새것 마냥 벅벅 닦은 날,

생일날 프랜차이즈 치킨이 아닌 옛날 통닭을 사 온 날,
현장학습 날 다 터져버린 김밥 도시락을 싸준 날,
이런 날을, 나를 비춰준 별 하나.

그날 밤,
반지하에도 오랜만에 별이 떴다.
오랜만이니만큼 아주 오래, 오래.

그 높다는 가을 하늘과 가장 가까움에도 가장 먼 곳,
달동네 반지하에도 별은 뜬다.

1. 이상헌

바닥의 낙엽

소리 없이 바닥을 쓸고 있는 낙엽이
가끔 가볍게 하늘에 뜨면서 다시
가을바람에 날리며 떨어진다

단풍나무가 속삭이는 소리에
가던 발걸음을 멈추고
귀를 기울여 보기도 하지만
도토리를 물고 지나가는
다람쥐의 모습에
잠시 시선을 빼앗겨
들어주지 못하였다

나에게 전하고 싶었던
저 멀리서 불어오고 있는
나무들이 들려주는 소리를.

2. 이상현

지나가는 기억

유독 사무치게 예전 기억이
떠오르는 가을이란 계절이
어느 순간부터 그리 반갑지가
않게 느껴졌기 때문에
가을 속에 살고 있어도
잠시 스치는 것처럼
모르는 척 지내려 했다

결국 남게 되는 건
이름조차도 떠올리기 힘든
기억의 파편이어서
망각 속에 사는 동안만큼은
나 자신조차도 잊어버리기를
바라는 마음으로 있었기에.

3. 이상현

한 줄기의 희망

외로워진 가을의 밤길을 걸으며
무거운 마음의 짐을 덜어서
어디에 있을지도 모르는
머물 수 있는 곳을 찾아
그곳을 향해 계속 걸었다

무뎌지는 발의 감각은 더 이상
넘어질 수조차 없게 만들었고
후회로 가득했던 길을 걸어
그렇게 시간이 흘러 닿은 곳에
한 줄기 희망만이 존재하기를
바라고 또 바라면서.

1. 영지현

가을 산책

 공기가 시원한 가을날이 산책하기에 딱 좋다. 해가 쨍쨍해도 뜨겁지 않고 바람이 살랑살랑 불어도 춥지 않다. 오후에 아이를 하원 시키고 둘이서 산책길을 나선다. 여기저기 떨어진 황금색 나뭇잎이 눈길을 끈다. 아이가 발 앞에 놓여 있는 뾰족한 모양의 나뭇잎 하나 주워서 호기심이 가득한 눈으로 살펴본다. 그러다 나에게 건네준다. 아이가 주는 나뭇잎이 귀한 선물과 같다.

"고마워."

 나는 미소를 지으며 말한다. 나뭇잎을 손가락으로 만져 본다. 한쪽이 매끈하고 반대쪽이 조금 까칠하다. 아이가 준 선물을 손에 들고 함께 계속 걸어간다. 길가에 쓰러진 낙엽이 더미로 쌓여 있다. 내가 아이였다면 꼭 밟았을 것이다. 우리 아이는 나의 생각을 읽듯이 낙엽 더미에 가서 쓰러진 낙엽을 밟는다. 시원한 바스락바스락 소리가 난다. 아이는 신나게 자그마한 발로 낙엽을 밟기도 하고 차기도 한다. 나는 웃는다. 그리고 아이를 따라 뒤에서 낙엽을 밟는다. 바스락바스락. 이 소리가 내 귀에 가을의 노래로 들린다. 오랜만에 아이처럼 낙엽을 밟으니 기분이 좋다.

아이와의 가을 산책이 이토록 즐거울 수 있을 줄 몰랐다.

생각해 보면 내면 아이에게 놀 자유를 줘야 한다. 가을 낙엽을 가지고 노는 아이가 많이 즐거워하니까. 이번 가을에 꼭 낙엽을 밟으며 놀 마음이다.

1. 홍채원

가을이 오면 테라스 딸린 카페에서

가을이 오면
테라스 딸린 카페에서
따뜻한 차 한잔 기울이자던
당신의 말이
다시금 생각난 선선한 아침입니다

세찬 가을비
갈대 흔드는 바람도
인연의 붉은 실 끊어놓은 적
없었지만
잔 위에 비친 단풍 못 보았습니다

이미 다가왔고
내년 맞이할 가을엔

알록달록한 우리의 약속을
어느 때보다
지키기 어렵지 않을까 싶습니다

붉은 단풍잎
코끝 스미는 은행 내음
그 아래 유모차 끌고 나갈까요
따뜻한 초코
홀짝대는 아이와 마주 앉을까요

여름에 만난
당신과 맞이한 가을날
새로운 약속 적어 내려갑니다
당신을 닮은
사랑스런 아이를 뱃속에 품은 채

1. 하형정

서창 들녘의 코스모스

가을은 들녘 위에 물결을 세웠다.
분홍과 흰빛이 끝없이 흔들리며
하나의 바다처럼 번져간다.

서창 길을 걸을 때
웃음은 꽃잎 사이에서 피어나고
햇살은 순간마다
우리의 그림자를 환하게 비췄다.

꽃 속에 잠시 몸을 숨기고
한 장의 사진을 남긴다.
렌즈 너머에 담긴 것은
꽃보다 먼저 피어난 행복이었다.

들녘은 기억을 품은 화폭이 되었고,
짧은 계절의 빛으로 오래 흔들렸다.

2. 하형정

잠자리

맑은 유리잔 같은 가을 하늘,
잠자리는 작은 빛들을 흔든다.
날개에 스민 햇살은 투명한 깃발,
바람 위에서 계절의 노래를 펼친다.
논두렁의 화가, 잠자리.
금빛 벼 이삭 위를 스치며 선을 긋는다.
가벼운 붓놀림마다
풍요는 웃음처럼 번져간다.
낙엽 흩어지는 소리보다 먼저
잠자리의 날갯소리가 계절을 적신다.
투명하되 사라지지 않는 선율,
그 속에 가을의 맥박이 기록된다.

1. 김하음
가을이 실어 오는 사랑

유독 가을만 다가오면 더욱이 네 생각이 나는 것 같다

후두둑 떨어지는 낙엽들을 보면
너를 향한 내 사랑이 그 위에 피어오른다

잎들이 붉게 물들 때면
너를 향한 내 사랑이 그보다 더 붉게 물들여진다

누군가 그랬었다
가을은 사랑하기 딱 좋은 계절이라고

맞는 것 같다
가을은 사랑을 바람에 실어 데려오니깐

2. 김하음

가을을 사랑하는 당신에게

당신은 무척이나 가을을 사랑했어요
알록달록 물들여지는 세상이 아름답다며
가을만을 기다렸죠

덕분에 저도 가을이 좋아졌습니다
당신의 가장 행복한 웃음을 볼 수 있거든요

집 앞 산책을 하다가 붉은 낙엽을 주웠어요
선명하게 물들여진 낙엽이 당신의 두 볼을 닮았어요
편지와 함께 넣어 보낼게요

집에 가던 중
단풍 축제 전단지를 받았어요
그러고 보니 단풍을 보고 싶다 했었죠

괜찮다면 우리 내일 볼래요?
아 너무 갑작스러웠나요?

추신
가을은 정말 아름다운 게 많은 계절 같아요
특히 가을을 사랑하는 당신이요

1. 연하늘

가을이 되었소

가을이 되었소
당신과의 첫 만남이 이뤄진,
당신과의 마지막 만남이 이뤄진
가을이 되었소.

가을이 되었소
당신처럼 따뜻한 낙엽이 보이는
당신처럼 차가운 바람이 부는
오묘한 계절이 되었소.

가을이 되었소
가을이 되었기에, 오묘한 계절이 되었기에
당신을 볼 수 있을 거라 생각했는데…
가을은 그저 "가을"이었나 보오.

1. 은설

언제 어디서나 만나기

 '크흠,크흠' 연신 코를 훌쩍인다. 하도 훌쩍이니 머리가 어지러울 지경이다. 출렁이는 시야로 홀린 듯 회사를 향했다. 회사로 들어가던 한 사람은 떨어지는 은행잎을 잡아보려 손을 펼친다. 하연은 머리 위로 떨어진 은행잎을 못 보고 회사로 들어간다. 칸막이가 쳐진 책상에 사람의 실루엣만 확인하고 인사치레를 하며 창가 쪽에 있는 자신의 의자에 털썩 앉는다. 정신없는 출근이었다. 그렇게 똑같은 하루가 지나고 집에 돌아온 하연은 집에서도 일을 하려다 컴퓨터를 끈다. 컴퓨터 소음이 없는 방안은 고요함만이 남았다. 부엌이 딸린 거실 하나, 작은방 하나, 화장실 하나. 혼자 살기엔 제법 괜찮은 집이었다. 고개를 돌리니 검푸른 창문엔 별이 가득했다. 별들을 보며 크게 한숨을 뱉고 물을 마시러 냉장고를 향했다. '삑!'물컹거리는 것이 밟했다. 발을 보니 뼈다귀 인형이었다. 그 인형을 따라 옆에 있는 방석이 눈에 들어왔다. 당장이라도 화장실에서 뛰어나와 냉장고 안에 있는 간식을 향한 눈빛을 보낼 것 같았다. 냉장고 한 켠을 멍하니 바라본 채 서 있었다. 갑자기 현기증이 났다. 또 위염인가. 손바닥으로 얼굴을 가리며 쭈그려 앉았다. 가슴이 바위가 된 듯 무거워졌다. 그 바위틈에서 물이 흘러나온다. 안에서 넘쳐흐르는 물을 못 이기고 바위들이 금방이라도 튀어 오를 것처럼 덜컹거린다. 눈시울에 고인 눈물을 무심히 쓸어냈다. 그리곤 방에 들어가 침대에 누워 천장을 바라봤다. 주위의 공기들이 하연을 빨아들인다. 끝이 없는 동굴 속으로 들어간다. 빛이 보이지 않는 동굴을 따라 하염없이 걷는다.

[다음날]

하연은 이른 아침부터 수첩의 빈 공간에 펜 끝을 놓았다 들었다 반복했다. 수첩에는 [+장례 치르기(체크) +편지 써주기(체크) +이미지 사진 찍기(체크)] 그 외에도 족히 10개는 넘어 보이는 목차들이 손 글씨로 정성스레 쓰여 있었다. 목차 밑에 몇 가지를 적지만 다시 선을 긋는다. 결국 책상 옆에 있는 소파로 자리를 옮겨 맞은편에 있는 티비를 킨다. 일정한 간격으로 넘어가는 화면을 멍하니 바라본다. '아이가 죽고…' 또렷한 한마디가 귀에 박혔다. 다시 채널을 돌렸다. 그 채널에서는 쓰레기로 가득 찬 집안을 보여줬다. 공허한 눈빛에 까무잡잡한 피부를 가진 여자의 얼굴이 보인다. 사람들은 '그녀는 왜 이런 행동을 하는가'라는 의문을 계속 던진다. 이어지는 화면에 주변 지인을 인터뷰하는 화면이 나온다. "혹시 이유를 아시나요?" PD가 질문했다. "지병으로 애가 죽었어. 정확히는 모르겠는데 한 5년 전일 거야. 그때부터 그 애 엄마가 맨날 주워 가. 우리 집에 있는 것도 다 가져갔어." 화면이 넘어가면서 까무잡잡한 피부를 가진 여자를 인터뷰한다. "쓰레기는 왜 모으시는 거예요?" 그러자 여자는 손만큼 납작해진 초코우유 팩을 흔든다. "쓰레기 아니야." "쓰레기가 아니라고요?" "응. 이거 우리 애가 좋아하는 거야. 초코우유 얼마나 좋아하는데." 그 말을 끝으로 갈색 낙엽이 한가득 떨어져 있는 골목을 걸어가는 여자의 뒷모습을 비춘다. 다시 화면이 넘어가 전문가로 보이는 안경을 낀 여자의 단독 인터뷰 화면이 나온다. "안타까운 사연입니다. 조금 이상하게 들릴 순 있는데요. 죽음이라고 하면 다들 말을 아끼시잖아요. 근데 사실 죽음은 충분히 아파해야 합니다. 특히 같은 아픔을 겪은 사람들과 나누면 제일 좋죠." 안경을 낀 여자의 말은 계속 이어졌지만 하연은 머리를 한 대 맞은 듯 더 이상 티비 소리가 들리지 않았다. 자신은 왜 도망쳤는가. 자신이 가장 사랑하는 존재인데. 슬프다는 이유 하나로 너무나 소중한 존재를 외면하고 있었다. 이겨내고 있다고 생각했는데 외면하고 있었다. 하연은 마음이 견고해졌다. 그리고 아까 놓아두었던 수첩과 펜을 들어 마지막 빈 공간을 채웠다.

+언제 어디서나 만나기.

그리고 하연은 티비 옆에 있는 전신거울로 자신의 모습을 보았다. 긴 운동복 바지에 반팔 차림. 괜찮은 듯 썩 걸리는 게 있는 듯한 표정을 지었다. 추우려나? 하연은 자신의 팔을 몇 번 문지르다 창문을 열고 내리쬐는 햇볕에 팔을 내밀어 본다. 살랑살랑 부는 바람이 하연의 팔을 스친다. 덥지도 춥지도 않은 공기. 결국 하연은 식탁 의자에 걸려있는 얇은 노란 난방 하나를 챙겨 집을 나선다. 하연은 언니의 그림 작업실로 갔다. 상가건물의 월세가 비싸 원룸 하나를 계약했는데 사실상 사는 거나 다름없었다. 1층인 언니의 작업실 문을 두드렸다. "누구세요…?" 역시. 아직 잠결이 많이 묻은 언니의 목소리가 들렸다. "나야 언니." "한동안 안 오더니 갑자기 무슨 일이야." "나 결심했어." "결심?" "응. 언제 어디서든 만날 수 있도록 할 거야."이게 무슨 소리인지 멍하니 생각하는 언니를 뒤로하고 작업실로 들어섰다. 8평 남짓한 작업실엔 A4용지만 한 것부터 사람만 한 것까지 다양한 크기의 캔버스가 한쪽 벽면에 세워져 있었다. 캔버스엔 딱히 형체가 없는 붉은색과 갈색, 노란색 바탕에 초록색으로 포인트를 준 그림들이 그려져 있었다. 창으로 들어온 가벼운 햇볕은 단풍잎이 가득한 나무 아래 있는 듯한 느낌을 더해주었다. "너 그거 가지러 온 거지?" 하연이 그림들을 감상하고 있을 때 언니는 중간에 A4용지만 한 캔버스 하나를 치우며 말했다. 캔버스를 치우니 캔버스에 딱 맞는 사이즈의 검은 박스가 있었다. 두 손으로 검은 박스를 조심히 들어 하연에게 건네주었다. "자. 애가 너 엄청 찾았어." "말도 안 돼." "나는… 뭐랄까. 영적인 것을 느낄 수 있어. 그림 그리는 사람들은 다 공감할걸?" 하연은 말과 달리 반쯤 믿는 듯한 실소를 터트렸다. "깨끗하다. 고마워 잘 보관해 줘서." "잘 보내주고 와." "아니. 보내주는 게 아니라 만나러 가는 거야." 언니는 뭐가 됐든 좋으면 된다는 듯이 한쪽 어깨를 살짝 으쓱였다. "아 하연아. 잠깐만." "응?" "자. 들고 가다 떨어트릴라. 가방에 넣고 가." 하연은 버스를 탔다. 언니가 챙겨준 빨간 배낭을 앉은 다리 위에 두고 두 팔로 꼬옥 안았다. 서먹한 듯 가방을 제대로 쳐다보지 못하고 창문 밖만 구경할 뿐이었다.

[일요일]

하연은 밤새 뒤척거려 잘 떠지지 않는 눈을 비비며 거실로 나왔다. 소파 위에는 빨간 가방이 있었다. 그 위로 따스한 햇볕이 내려앉아 있었다. 어젯밤 고민하다 서먹함이 사라지지 않아 거기에 두었다. '저 안에는 내가 마주해야 하는 것이 있다. 그전에 내 것이 맞을까. 내가 잠시 꿈을 꾼 게 아닐까. 혹시 내가 이것마저 보내면 다시 못 보는 게 아닐까. 과연 내 선택이 맞는 걸까. 그렇다고 저기에 두면 오히려 갇힌 기분이 아닐까.' 하연은 조심스레 걸어가 빨간 가방 옆에 살며시 앉았다. "안녕." 인사 한마디에 차오르는 눈물을 머금었다. "오랜만이야. 반년 됐나? 그동안 언니네 둬서 미안했어. 너를 외면한 게 아니야. 그냥… 그냥 언니 집에 잠시 맡겨뒀다고 생각하고 싶었어." 하연은 시선을 떨구며 말을 이어 갔다. "근데. 그게 잘못된 생각이라는 거 이제야 알았어. 그래서 너를 만나려고 해. 어떨 것 같아? 이제는 목줄 없이 마음껏 뛰어노는 거야. 어때? 누구도 뭐라고 하지 않을 거야. 그렇지만…" 잠깐의 침묵 뒤에 말을 이어갔다. "놀 때 엄마는 없을 수도 있어. 물론 네가 너무 멀리 가지 않는다면!" 잠깐 사이 소파 위로 내려앉은 햇볕은 빨간 가방과 하연의 사이에 걸쳐 있었다. 하연은 멀리 떠나기라도 하려는 듯 청소를 하기 시작했다. 바닥의 머리카락부터 설거지, 화장실 구석구석을 청소했다.

"안녕. 엄마." 하연은 익숙한 목소리에 뒤를 돌아본다. 너무나 보고 싶었던 모습이 보인다. 당장 대답을 해주고 싶었지만 입만 뻥긋거릴 뿐 목소리가 나오지 않았다. "나는 엄마를 믿어. 엄마가 선택하는 거라면 다 좋아. 뭐가 됐든 나한테 나쁜 일을 할 리가 없잖아." 하얗고 갈색의 뒤섞인 가느다란 털이 흩날리며 하연의 얼굴을 간지럽혔다. 볼을 따라 눈물이 흐른다. 하연은 말을 하고 있지만 여전히 목소리는 나오지 않는다. "엄마. 너무 슬퍼하지 마. 나는 행복하려고 가는 거야. 그리고 엄마도 그럴 거야. 그냥 우리의 시간이 조금 다를 뿐이야. 그러니까 엄마도 천천히, 나 없이도 행복한 추억 많이 만들어서 와. 우리의 시간이 같아지는 날이 오면 그때 나한테 많이 얘기해 줘. 나는 엄마 얘기 듣는 거 좋아해." 그 말을 끝으로, 살랑이는 꼬리는 서서히 멀어졌다. 그 모습을 따라가려 했지만 검고 축축한 것이 하연을 거칠게 움켜잡고 있었다. 입 밖으로 나가지 못한 목소리들이 가슴 중앙에 쌓여간다. 차오르다 차오르다 드디어 한마디가 나온다. "가지 마!!" 말이 나오는 순간 침대에서 조금 떨어져 있는 행거 밑에 빨간 가방이 보였다. 온몸이 굳었다. 숨이 거칠었다. 지금도 꿈인지 현실인지 확인하기 위해 눈을 감았다 뜨기를 반복한다. 잠시 잠이 들었나 보다. 협탁 위로 손을 더듬거리며 휴대폰을 찾는다. 다급하게 인터넷에 [오늘의 날씨]를 검색한다. 이어 나오는 화면에 [맑음]과 노란 태양이 떠 있다. 하연은 부리나케 검은 바지를 입고 민무늬의 밝은 베이지 바람막이를 걸친다. 빨간 가방과 함께 버스에 올랐다.

 땅에서 언덕배기가 보이는 작은 산에 도착했다. 집에서 너무 멀지 않으면서 하루 만에 왕복할 수 있는 정도의 높이였다. 심호흡을 크게 한번 쉬고 산을 올랐다. '부스럭부스럭' 군데군데 떨어져 있는 낙엽을 밟으며 천천히 올라갔다. 우거진 나무들 사이에서 아이의 울음소리가 울려 퍼지는 듯했다. 희미해지는 소리를 붙잡아 보려 바위로 떨어지는 땀방울에도 계속해서 산을 올랐다. 뭐가 그리 급해서 빨리 갔니. 가을 소풍 한번 같이 가지. 빨간 배낭에서 덜그럭 소리가 난다. 최대한 흔들리지 않게 앞으로 매고 있는데도 몸의 반동은 멈출 수 없었다. 자신의 의지와 상관없이 다리가 떨릴 때쯤 정상에 도착했다. 아직은 푸름이 남아 있는 단풍나무들 위로 동네가 보였다. 한눈에 담아 보는 건 처음이었다. 거칠어진 숨을 정리하면서 다시 동네를 바라봤다. [늘 함께하던 공원 산책길. 산책의 마무리로 늘 들리던 카페. 지나치지 못하던 순댓집] 순대 한번 먹여보고 보내는 건데. 하연이 지내는 모든 공간에 아이는 있었다. 이젠 만날 수 없다고 생각했는데 아이는 모든 공간에 존재했던 거다. 끝내 물의 압력은 바위를 뚫어냈다. 하연의 얼굴은 땀인지 눈물인지 알 수 없는 것으로 뒤범벅이 되었다. 산들한 가을바람이 그녀의 머리카락을 어루만지듯이 스쳐 지나갔다. "그렇구나. 너는 여전히 내 옆에 있었는데 내가 너를 외면했구나. 그래서 나를 불렀구나." 하연은 그대로 주저앉았다. 한참을 울었다. 얼마나 울었는지 더 이상 눈물이 나오지 않고 온몸의 기운이 다 빠져나가는 듯했다. 하연은 떨리는 손으로 빨간 배낭을 열어 두 손으로 유골함을 조심스레 꺼냈다. 아이만큼 작은 크기의 하얀 유골함이었다. 왼팔로 유골함을 감싸고 오른손으로 뚜껑을 살며시 열었다. 어딘가에 섞이면 보이지 않을 정도로 부드럽게 갈린 하얀 가루가 있었다. 그 위로 눈물 한 방울이 떨어졌다. 다 울었다 생각했는데 그게 아니었나 보다. 눈물이 더 떨어지기 전에 다시 뚜껑을 닫았다. 하연은 말없이 하늘을 바라보았다. "그래. 우리 헤어지는 게 아니라 만나는 거야." 하연은 떨리는 손으로 뚜껑을 열어 하얀 가루를 한 주먹 집어 들었다. 그리고 하얀 가루가 최대한 멀리 갈 수 있도록 팔을 높이 뻗어 뿌리기 시작했다. "나랑 가지 못한 곳까지 멀리멀리 다녀오렴. 그리고 가끔씩 나를 불러 너의 이야기들을 들려주렴." 하얀 가루는 아직은 푸른 기가 남아있는 단풍나무들 위로 흘러갔다. "우리 언제 어디서든 꼭 만나자."

[월요일]

하연은 회사로 갈 준비를 했다. 제법 쌀쌀해진 날씨에 옷장에 넣어둔 재킷 하나를 꺼내 들었다. 어느새 길 따라 나란히 서 있는 은행나무는 노랗게 물들어 있었다. 떨어져 짓눌린 은행들을 피하며 걸어갔다. 그때 유독 노란 은행잎이 하연의 눈을 지나 얼굴을 스치며 푸른 하늘로 날아간다. "안녕. 좋은 아침이야." 계절의 넘어감이 끝나고 하연의 알레르기도 끝이 났다.

하연을 포함한 4명의 직원은 회사 근처 카페를 갔다. 창문 넘어 내리는 햇볕이 그들이 앉아 있는 네모로 된 원목 테이블을 비추었다. "다들 주말에 뭐 했어요?" "저야 늘 집에 있지요." "저는 애들이랑 놀아준다고 힘들어요." 마지막으로 하연에게 시선이 쏠렸다. "저는…산에 갔다 왔어요." "뭐야. 벌써 부장님 되는 게 목표인 거야?" "그게 무슨 썰렁한 농담이에요!" "자자 둘 다 그만하시고요. 산에 가서 뭐 했는지 하연 님 얘기를 들어봅시다." 한 동료의 제지에 나머지 둘은 조용히 하연을 쳐다본다. 그리고 하연은 어느 때보다 가벼운 미소를 지으며 말한다. "누구랑 좀… 만나고 왔어요." 아리송한 표정을 한 그들에게 하연은 한마디를 덧붙인다.

"가을은… 그리워하기 좋은 계절이잖아요."

1. 겨울

길 잃은 나의모습

가끔씩 살다 보면 흐릿하고 차가워지면서
툭 하고 떨어지는 눈물 한 방울

이 눈물 한 방울에는 정말 많은 의미가 있다.

정말 열심히 살아옴에도 불구하고
지금 이 길이 맞는지
해야 할 일들은 많고 고민은 더 커져만 가는
애니메이션 주인공 같은 나의 모습을 느끼곤 한다.

연말에 흘리는 눈물은
마지막 인사일 테니 참 의미 있고 좋은데
가을이 다가온 무렵 내리는 눈물방울은
어찌나 마음이 아픈지 모르겠다

10대 때에는 20대 때에 좋은 직장을 구하며
열심히 돈을 모아 행복한 가정을 꾸릴 줄 알았고
30대가 되면 워킹맘 또는 가장으로서
안정적인 가정이 형성되는 줄만 알았고
40대가 되면 금전적인 여유 있는 삶 속에서
윤택한 줄만 알았다

하지만 현실은 정말 차갑고 냉렬했고
나의 매년 가을에 맺힌 눈물들도 항상 길을 잃었다.

1. 최이서

가을빛

꿈같은 가을날

높고 푸른 하늘에
하얀 뭉게구름 피어 있고
투명한 햇살 속에 상쾌한 선들바람

가을빛이 짙어지면

바람에 실려 오는
그윽한 가을 향기가
온몸을 감싸안고

코스모스, 국화 꽃향기
바람결에 살랑이며

아름다운 가을꽃이
진한 가을 향기로
내게 불어온다

이 가을 향에 온전히 스며
무작정 걷고 싶은 마음

해가 저물고
붉게 물들면
노을빛 가득한 가을하늘을
너와 함께 손잡고 걷고 싶은

예쁜 가을날이야

1. 문순천

책방 주인의 짧은 가을 노래

책방 문턱을 넘는 바람이 서늘한 인사 건넬 때,
비로소 깨닫는다, 가을이 왔음을.
독서의 계절이라 모두가 칭송하나,
이 고요한 기쁨의 시간은 어찌 이리 짧은지.
아쉬움은 오래된 찻잔처럼 따뜻하게 남고.

서가에서 빛나는 신간을 꺼내 든다.
깨끗한 표지의 설렘, 낯선 기대감.
숨겨진 이야기가 펼쳐지기를 기다린다.
한 줄, 한 줄, 묵독의 시간을 호흡한다.
마음에 오래도록 머무는 문장을 발견하면,
나의 가을은 비로소 완성된다.
조심스럽게 펜을 들어 필사하고,
그 구절의 울림을 종이에 옮겨 그림을 그린다.

붓과 펜의 온기가 스민, 가을빛 기록들을
가장 환한 서가 모퉁이에 조용히 내건다.
'오늘의 문장', 그리고 '책방지기의 그림'.

책방을 찾은 이들의 시선이 그 앞에서 멈춘다.
"문장이 마음에 닿네요."
"그림에서 가을 냄새가 나요."
낯선 얼굴들이 나의 기록 앞에서
고요한 공감으로 마음을 나눈다.

그 공감과 소통의 물결이 좋다.
책의 이야기, 그림의 감상을 나누는 순간,
우리는 더 이상 손님과 주인이 아니다.
취향을 공유하는 친구가 된다.

깊어가는 가을,
좋은 책과 좋은 사람들과 함께.
짧아 아쉬운 이 계절을
더 많은 나눔과 이야기로 채우고 싶다.
서가에 꽂힌 꿈들이 현실이 되는
나의 작은 책방에서.

2. 문순천
당진의 가을을 길어 올려, 나의 집으로

일주일에 한 번, 붓과 책을 들고 강의를 떠나는 길.
이번 가을은 서해의 품, 당진에 머무른다.
달리는 창문 위로 가을빛이 그림처럼 번진다
수채화 물감처럼 번져드는 논밭의 색채.
노란 황금빛과 푸른 녹색이 경계 없이 섞여
가장 완벽한 가을의 명암을 보여준다.

강의를 마치고 돌아온 오션뷰의 방.
바다가 보이는 깔끔한 창가에 기대앉는다.
정갈하게 정리된 공간, 맑고 투명한 유리창,
사각사각 밟히는 새하얀 침구의 감촉.
호텔이 주는 이 완벽한 휴식과 고요가
지친 나를 한순간에 여행자로 만든다.

고요히 맴돌던 사유의 끝에서,

이 깊은 떨림은 바다가 준 마법만은 아님을 깨닫는다.
낯선 여백이 건넨 정갈한 위로였음을.

돌아갈 나의 아파트, 나의 익숙한 일상.
저 정갈한 여백이 내 공간에 스민다면?

불필요한 짐은 고요히 내려놓고,
집을, 온전히 나를 위한 취향의 쉼터로 짓는다면.

창밖의 바다가 없어도 괜찮다.
내 마음이 정갈하게 정리된 그 순간,
집도 호텔처럼 정돈될 때,
나의 일상은 곧 깊은 가을 여행이 되는 것을.

이번 가을,
먼 곳으로 떠나고 싶다면…
가장 먼저 나의 공간을 정갈하게 가꿔 본다
가장 사랑하는 그림처럼, 가장 맑은 책처럼.
가장 익숙한 곳에서 발견하는 새로운 기쁨.

1. 글쓰는 몽상가 LEE

가을의 문턱에서

 유난히 까만 밤,
 한가로이 벤치에서 반짝이는 밤하늘을 감상하다가 그렇게 우연히 너를 만났다.

 나는 프리랜서이다. 일이 휘몰아칠 때는 쉴 틈 없이 바쁘지만 보통 일과는 여유로운 편이다. 낮에는 주로 내 친구 '냥이'와 함께 창밖을 멍하니 바라보며 시간을 보내고 늦은 밤이 되어서야 바깥으로 나갈 준비를 한다. 작은 가방에 꽁꽁 얼린 생수와 이어폰을 담고, 현관 앞에 쌓아둔 재활용품까지 챙겨 문을 나섰다.
 처서가 한참 지났지만 여전히 조금만 걸어도 습한 공기의 흐름을 느낄 수 있었다. 누군가에겐 잠들었을 시간이자 누군가에겐 이른 아침일 수도 있는 묘한 시간의 경계에서 산책을 시작했다. 길거리에 줄지어진 가게에는 사람들로 가득했고, 즐거운 소리인지 비명

인지 모를 시끄러운 소리가 한데 어우러져 소음같이 느껴졌다. 소음에 취약한 나는 바로 핸드폰을 꺼내 들을 만한 노래를 몇 개 선택하고, 이어폰으로 귀를 막았다. 흘러나오는 음악은 금세 도시의 소음을 덮어주었다. 천천히, 조금은 빠른 걸음으로 나만의 속도를 유지하며 길을 거닐었다.

이마에 땀이 송골송골 맺히고 얼린 물이 녹아 가방의 축축함이 느껴질 무렵, 갑자기 팔꿈치가 따끔거렸다.

'아야! 설마 모기인가? 나오자마자 모기에 물리면 어쩐담. 대체 가을은 언제 오는 거야!!'

나는 투덜대며 부어오른 팔꿈치를 손톱으로 꾹꾹 눌렀고, 모기에 더 물리기 전에 서둘러 걸음을 재촉했다.

동네 근처에는 산책로와 작은 하천이 있는데 다양한 운동 기구와 잔잔한 음악이 흘러나와 평소에도 사람들이 꽤 붐비는 곳이다. 그런데 그날은 웬일인지 산책로에 사람들이 많지 않았는데, 자주 마주쳤던 강아지도 볼 수 없었다. 사람들이 많이 모이는 장소에서 혼자만의 시간을 가질 수 있다는 것이 짜릿하기도 했지만 그 기분은 오래가지 않았다. 고요한 산책길이 이내 무서워져서 이어폰을 빼고 주위를 두리번거리며 걸었다. 꽉 조인 운동화 끈이 풀리자 괜스레 더 초조해졌고, 풀어진 끈을 묶기 위해 가로등이 있는 벤치로 향했다. 불빛이 밝진 않았지만 어둑한 산책길을 은은히 비춰주는 가로등 덕분에 마음이 한결 편해졌다. 단단히 끈을 동여매고 잠시 벤치에 기대어 하늘을 바라보았는데, 검게 물든 하늘에 빛나는 별들이 콕콕 박혀 저마다의 존재감을 드러냈다.

 어릴 때 시골 외갓집에서 봤던 밤하늘 이후 이렇게 반짝이는 별은 오랜만이었다. 크리스마스트리에 두르는 알전구처럼 아름답게 빛났던 별. 그때도 아마 여름과 가을 사이, 이때쯤이었던 것으로 기억한다. 그렇게 한창 별을 바라보는데 뺨을 스치는 바람이 왠지 선선하게 느껴졌다. 감상을 마치고 자리에서 일어나자 벤치 아래에서 어떤 소리가 들렸다.

 '냐아앙!'

 고양이였다. 몸집이 작은 아기 고양이.

 근처에 어미 고양이가 있을지도 몰라 함부로 만질 수 없었는데, 사람 손을 타면 아기 고양이를 돌보지 않을 수도 있기 때문이다. 집에 있는 냥이가 떠올라 자리를 뜨지 못하고, 벤치 앞에서 눈알만 굴리며 고양이를 관찰했다. 녀석은 겁이 없는 건지, 사람이 익숙한 건지 성큼성큼 작은 몸을 움직여 벤치에 올라갔다. 나는 홀린 듯 조용히 다가가 한 칸 거리를 두고 조심스럽게 옆에 앉았다. 도망갈 줄 알았는데 아기 고양이는 무언가를 생각하듯 눈을 지그시 감고 식빵 굽는 자세를 하기 시작했다.

'고양이들은 대체 무슨 생각을 하는 걸까?'

엉뚱하고 귀여운 모습에 웃음이 나오다가 문득 '이 녀석도 벤치 아래에서 하늘을 감상하고 있었을까?'라는 생각이 들었다. 빛나는 하늘을 함께 감상한 관객이 자리를 뜨려고 하자 울음소리로 불러 세운 건 아닐까? 무심한 듯 나를 쓰윽 쳐다보는 아기 고양이는 마치 이렇게 말하는 것 같았다.

'가을이 코앞까지 왔으니 그만 투덜거려 인간.'

녀석은 할 일을 다 마쳤다는 듯 몸을 일으켜 스트레칭을 하고선 벤치 밑으로 내려가 풀숲으로 총총거리며 사라졌다.

아마도 아기 고양이는 가을이 왔음을 알려주러 온 계절의 요정이 아니었을까?

1. 진서윤

편지, 나무에게-

내딛는 걸음마다 걸리는 바스락 소리에
비로소 가을이 왔음을 알고

발아래 놓인 낙엽 중 가장 예쁜 것 하나 골라잡아
당신께 편지를 부칩니다.

빛이 바래는 것이 비단 나무만이 아닐 줄을
꿈에도 몰랐던 풋열매는

오랜만에 당신의 얼굴을 들여다보고 나서야
그 위에도 낙엽이 졌음을 알았네.

나를 맺지 않았더라면 여름의 푸르름을
조금이라도 더 오래 머금었을까.

언젠가 새순이었을 작은 나무는
나라는 열매를 지키려

연약한 뿌리를 추운 땅속 깊게 박고
얇은 기둥에 굳은살 입혀 굵직해졌네.

인생의 찬란한 여름 뻗어주신 가지 덕에
작은 열매는 타는 더위 속에서도 달큰히 무르익었습니다.

나를 맺은 나무에게-

가시는 푸른 빛을 너무 아쉬워 말길,
진해져가는 붉은빛을 너무 두려워 말길.

아직 당신 그늘 아래서 양분 받아먹는
열매로써 드리기 우스운 말이겠지만

내가 본 나무 중에선 당신이 가장 예쁘단 것을
꼬옥 기억해 주길.

그 사실은 영겁의 시간이 지나도 변하지 않는단 것을 꼬옥 알아주길.

그러니 여름이 지나감을 섭섭해하지 말고
오는 가을에도 당신만의 빛으로 온전히 빛나기만 해주세요.

7살의 나를 유치원으로 데려다주던 차 안,
당신께선 가을이 가장 좋다고 말했던 날을 나는 아직도 기억하니까.

1년의 가을뿐이 아닌
인생의 가을까지도 행복만 했으면 합니다.

그러니까, 이제는 인생의 가을을 지나는 엄마에게-

1. 안세진

가을은 수확의 계절

한 해 내내 흙을 일구던 손길들이
이제는 황금빛 열매를 안아 올린다.
뜨거운 여름 햇살 아래 땀 흘리던 날들이
바람결 속에서 추억처럼 흩날린다.
논에는 벼가 고개 숙여 감사의 인사를 건네고,
밭에는 곡식과 열매가 햇살을 머금어 웃는다.
사람들의 얼굴에도 풍요로움이 스며
작은 미소마저 가을의 향기로 익어간다.
붉게 물든 단풍은
지난 계절의 그리움을 품고
천천히 흩날리며 하늘로 말을 건넨다.
높고 깊어진 가을 하늘은
그 모든 기다림을 위로하듯 넉넉하다.
가을은 단순히 열매만을 거두는 계절이 아니다.

그 속엔 지난 시간의 인내가 있고,
흘린 땀의 의미가 있으며,
묵묵히 견뎌낸 날들의 희망이 깃들어 있다.
오늘의 결실은 내일의 약속이 되고,
오늘의 풍요는 내일의 씨앗이 된다.
가을은 이렇게
끝과 시작이 맞닿는 자리에서
우리를 더욱 단단하게 만든다.
그리고 우리는 안다.
겨울이 와도 두렵지 않은 이유는
가을이 남겨준 풍성함 속에서
희망의 불씨가 꺼지지 않기 때문이다.
가을은 수확의 계절,
그 안에서 우리는
삶의 깊이를 배우고,
감사의 참된 의미를 알게 된다.

1. 문병열

가을은

가을은
삶이 힘들고 외로운 사람에게
위로를 주려
맑은 하늘과 향기로운 바람을 선물한다

용기를 내어
힘겹게 하늘을 바라봤을 때
너무나도 맑은 하늘과
향기로운 바람이 불어와 힘이 되어준다

쓸쓸할 것 같은 가을은
사실 우리를 위로하는 계절이었다

1. 昀 [햇빛 윤]

가을이 외로운 이유

아침 공기가 제법 서늘해졌다

눈 뜨자마자 온기를 찾고
품에 파고들고 싶다

이래서 가을이 외로운 걸까

2. 昀[햇빛 윤]

나만의 색깔 찾기

곧 단풍이 물들겠지

매번 보는 단풍이지만
색깔도 다르고
보는 내 마음도 다르다

나는 어떻게 물들어 갈까

1. 김감귤

가을이 오는 소리를 귀 기울여보다가

가을이 소리를 낸다.
성큼성큼, 두근두근, 헐레벌떡, 시끌벅적.

가을은 쓸쓸한,
말이 없는 그런 계절인 줄 알았는데!

가을은 고요한,
소리 없는 그런 계절인 줄 알았는데!

가을 소리가 점점 크게 더 크게 점점 드높이
부스럭 부스럭거리며 울린다.

마치 축제 소리처럼 가득하게
마치 팡파레처럼 요란하게
가을 냄새가 찬란하게 퍼진다,

가을 소식이 정신없이 보인다.

살금살금 오는 것처럼 보였는데,
성큼성큼 오고 있나 보다.

점점 이곳저곳에서 가을 이야기가 나온다.
후각 미각 등을 앞세워서 이야기가 만발한다.

가을, 그 이름도 아름다움이 가득한 단어가
여름을 제치고 사람들을 모이게 만든다.

모인 곳에서 가을을
더욱더 풍성하게 풍부하게 더 담아 온다.

아마도 그래서 가을은
여름보다 더 풍성한 계절인가 보다.

2. 김감귤

가을을 생각하며

더위 속에 소매를 걷던 때가 엊그제 같은데,
어느새 옷을 하나 더 여미고 하나 더 챙기게 된다.
쌀쌀해지는 날씨만큼 생각의 무게는 깊어진다.

가지마다 푸른빛을 띠던 나무들이
영롱한 붉은 주황빛으로 새 옷을 걸쳤다.
이 새 옷들로 전체적으로 가장 아름답게 감쌀 때
다시금 그 새 옷들을 벗일 준비를 해야겠지.

가을엔 마치 손톱 같다.
적당히 길고 예쁘게 아름답게 길러질 때
다시 잘라내야 하니까.
이렇게 생각해 보면 가을은 마치
머리카락, 가지치기, 유치(치아의) 같다.

풍성할수록 야위어가는 겨울로
가까이 다가가는 계절,
가을이어라.

아름다워서 수북하다가
어느새 모든 걸 내어주려는 계절,
가을이어라.

가을을 맞이하여
생각의 중량과 생각의 깊이를 더해 본다.
높아진 하늘과 맑아진 바람처럼 이렇게...

1. 마음률
나도 모르는 사이 나는 가을이 되었다

출퇴근길

여전히 바쁜 일상
시간이 있으면 돈이 없고
돈이 있으면 시간이 없는

두 손이 닿지 않는
자연의 내음 주인인 산들이
아득하게만 느껴진다.

오늘따라 노래하듯 자신의 이야기를 들려줘서
두 귀를 기울인 날

봄바람이 익숙한 나무 그늘 에겐
여름이 지나면

더 따듯한 이야기가
들려온다는 것을 알게 되었다.

민둥산마저 이야기가 되어
작은 계곡이 흐르는 시간

너무 추우면 외투로 덮어버리고
너무 더우면
집으로 사라지는 사람들을

부르는 방법에는

가을이라는 이름이 허락되었다.

한강의 기적만큼이나
모든 들과 강을
많은 사람들이
꽃이라 부르며 자리하는 시간

그들과 함께하는 나 또한
어느새 가을이 되어버린 날

감기 걱정 없는 날
큰 손 벌려 맘껏 웃으며 걸은 그날

나도 모르는 사이 나는 가을이 되어버렸다.

1. 한미숙

너로부터 시작된 가을

 그때부터였는지 모른다. 내가 가을을 사랑하게 된 것은. 가을 빛깔이 듬뿍 담긴 눈빛과 가을 향기를 가진 너를 처음 본 순간부터 나는 가을을 좋아하기 시작했다.

 처음 너를 본 건, 신입생 오리엔테이션 장소인 체육관 입구에서였다. 혼자 서 있는 네 주변은 아직은 추운 겨울이었지만 봄 햇살처럼 빛나고 있었다. 아니 봄이라는 표현은 너하고 어울리지 않았다. 쓸쓸하지만 어딘지 모르게 빛나는 가을의 노란 은행잎 빛과 같았다. 네 주변은 가로등 불빛 아래에서 금빛 불씨가 타오르는 듯이 느껴졌다. 한 번도 본 적 없는 그 황금빛이 나를 사로잡았다. 잠시였지만 은은하면서 강렬한 그 빛을 잊어버릴 수 없었다. 체육관에 입장 후, 많은 학생 속에서 너를 잃어버리고 말았다.

그 가을의 냄새와 빛을 잊지 못하고 헤어진 후, 너를 다시 만난 것은 개강 날이었다. 강의실 문을 열고 들어선 순간 자리에 앉아 있는 너를 보고 숨이 멎는 듯했다. 너를 다시 그것도 같은 강의실에서 만난다는 것은 한 번도 상상하지 못했기 때문이다.

너는 언제나 혼자 다녔고 강의가 끝나고 나면 조용히 사라졌다. 두근거리는 설렘 때문이기도 했지만 너는 '안녕'이라는 인사를 할 틈도 없이 없어졌다. 강의실에 들어갈 때는 너 먼저 찾았지만, 너는 학교에도 가끔 나오지 않았다. 너를 향한 나의 마음은 늘 커다란 바위를 안고 다니는 기분이었다. 나를 위해 단짝 친구는 과 친구들과 독서 동아리 모임을 기획했다. 그곳에서 우리는 조금 가까워지고 이야기를 나눌 수 있었다. 너는 내가 생각한 그대로였다. 책을 좋아하고 시를 쓰는 가을을 닮은 아이였다.

하지만, 나에게는 늘 '가까이하기에는 먼 당신'이었던 너, 단짝 친구의 장난 아닌 장난으로 둘만 했던 그 자리를 지금도 잊을 수 없다. 나의 마음을 알게 된 너는 나에게 원고지에 직접 쓴 시 몇 편을 선물했다. 지금 만나는 여자 친구가 있다는 말과 함께.

그렇게 나의 떨림과 설렘은 끝을 내야 했다. 너에게 받은 처음이자 마지막 선물, 그 원고지와 함께. 내가 할 수 있는 건 너와 함께 독서 동아리를 한다는 사실에 만족하고 감사하는 게 전부였다. 오직 모임 날짜만을 손꼽아 기다리는 것이 내가 할 일이었다. 낙엽이 가득 쌓인 교정에 앉아 열변을 토하던 그 가을의 열정과 향기를 지금은 느낄 수 없다. 쌀쌀하지만 어딘지 모르는 따뜻함이 있는 가을, 봄보다 가을을 사랑하기 시작하게 된 것은 네 덕분이었다.

싸늘함과 달콤한 가을 햇살, 황금빛 나뭇잎 사이로 걸러지는 가을 공기 속에 있던 너와의 추억은 지금도 서랍장 깊은 곳에서 숨 쉬고 있다. 아쉬움과 그리움이 어우러진 그 순간에 대한 미련은 지금 작은 보물이 되어 내 인생과 함께 여행하고 있다.

2. 한미숙

아이와 걷던 그 길에서

 일요일 아침은 늦잠으로 시작한다. 강의를 나가기 시작한 이후로 주말에는 집에서 쉬는 것이 더 좋아졌다. 매일 강의 나가는 것은 아니지만, 주말까지 외출을 위한 준비가 귀찮기 때문이다. 주말을 즐기는 나의 유일한 방법은 늦잠과 멍때리기, 다음 강의 준비로 시간을 보낼 때가 많다.

"날씨 정말 좋다. 오늘 뭐 할 거야?"
"그냥 집에 있을 계획인데. 왜?"
"날도 너무 좋은데 우리 어디 가서 바람이라도 쐬고 오자."
"차 엄청나게 막힐 거야. 어디든 갈 생각이 있었으면 어제 미리 이야기하지. 그래야 일찍 일어나서 준비하지."
"당신 매일 바쁘니까 일찍 일어나라고 하기도 그랬

지. 멀리 가지 말고 가까이 어디라도 다녀오자."
"알았어, 나 씻으려면 시간 좀 걸려."

 마음속에는 '귀찮아서 가기 싫은데.'라고 답하고 있었지만, 어쩔 수 없이 몸은 움직였다. 아이가 어린 시절, 주말은 날이 좋아서, 날이 추워서, 날이 더워서 여러 가지 다양한 이유로 외출했다. 그러나 아이가 성장하면서 입시 준비 등으로 우리의 주말 외출은 없어졌다. 가끔 주말에 학원을 보내고 나가고 싶다는 신랑에게 '아이는 학원에서 그림 그리느라 하루 종일 힘든데 우리끼리 놀러 가자고?'라며 집콕으로 긴 시간을 보냈다. 이제는 외출보다는 집에 있는 것이 몸에 익숙해졌기 때문에 주말 나들이가 더 성가신지도 모른다.

 신랑의 요구에 따라 움직였지만, 계획 없이 무언가를 하는 게 익숙지 않은 대문자 J형인 나에게 계획되지 않은 여행이나 외출은 편한 일은 아니다. 당일로 떠날지라도 반드시 미리 장소와 식당을 검색하고 일정을 잡는다. 그러나 아무것도 준비하지 않은 채 차를 올라탔고, 나는 검색을 시작했다. 멀지 않은 그러나 우리에게는 추억이 가득 담긴 '융·건릉'으로 우리는 출발했다. 그곳은 아이와 함께 가을이면 항상 찾던 곳이다.

낙엽이 뒤덮인 아름답고 고요한 모습의 융·건릉은 내가 정말 사랑하는 장소이다. 나무들이 우거진 사이로 펼쳐진 넓은 산책로는 가을이 되면 물감을 풀어 놓은 팔레트로 변신한다. 나뭇잎들이 만들어 놓은 자연의 카펫을 밟으면서 아이와 신나게 뒹굴고 뛰어놀던 장소이다. 아무리 던져도 땅을 찾아볼 수 없는 정도로 푹 쌓인 낙엽을 아이와 나는 무척이나 사랑했다.

11월에 방문해야 제대로 느낄 수 있는 곳, 이번에는 조금 일찍 아이가 없이 신랑과 둘이 방문했다. 아직 단풍이 들지도 않고 잎이 떨어지지 않아 어색했지만, 상큼한 가을 공기와 가을 하늘을 느끼기에는 충분했다. 아쉬움이라면 아이가 옆에 없다는 것이다. 이제 대학생이 되어, 주말에는 아르바이트하느라 얼굴 보기가 쉽지 않은 딸과 함께 다시 이곳을 방문할 기회가 없을지도 모른다. 계절을 함께 즐기던 시간이 그리웠다. 다시 그 시간으로 돌아갈 수 없다는 것에 대한 미련과 좀 더 좋은 시간을 보내지 못했던 것에 대한 후회도 밀려왔다. 하지만 한편으로는 혼자서 용감하게 모든 걸 해내고 있는 아이에게 감사했다. 아무것도 혼자서는 못 할 것 같았던 아이가 가끔은 힘들다고 징징대기도 하지만 나름의 해결책을 찾아가는 모습이 기특했다.

이제 내가 할 수 있는 일이 없다는 것이 서글프기도 했다. 산책로 곳곳에서 아이와 놀던 장면이 그림처럼 그려지면서 저절로 미소가 지어졌다. 오랜만에 찾은 융·건릉 나무들 사이로 새어 들어오는 햇빛은 우리 주위를 따스하게 감쌌다. 고요함과 상쾌한 공기는 비록 딸은 없지만, 각자의 자리에서 열심히 최선을 다하는 우리 가족들에게 행복과 행운을 가득하기를 축복해 주는 듯했다.

1. 오렌지옴

다가오는 가을에서

새벽 공기가 선선해져 가는 요즈음,
너와 함께 이 계절을
보내는 나의 마음은

언제나 찢어질 것만 같았어.

네가 스쳐 지나간 나의 과거엔
언제나 너와 함께하던
시간과 계절만이 남아있더라.

새벽 공기 냄새가 나의 감정을 건드리는
지금,

가을이 다가오고 있어.

찢어질 것만 같은 내 마음을 붙들고
난 온 힘을 다해 너를 사랑할 거야.

이번 가을에도,
난 너와 함께하고 싶어.

그렇게 이 가을을 스쳐 간 자리에,
너와의 사랑을 남기고 싶어.

사랑해. 나의 가을.
사랑해. 너라는 가을.

1. 하나언

나무 전선, 낙엽 전구

낙엽이 다다르지 못해
그만큼 깊어진 빛을 품은 가을,
우린 그 빛으로 섞이며 이어졌다.

어둠이 아냐,
다만 끝내 황금으로 물들지 못할 뿐,
이 계절의 어울림은 결국 환해질 테니까.

가지 속 보이지 않는 무늬에서부터
겉으로 번지는 색은
거짓 없는 변화로 진행 중이기에,

한 장씩 차분히
우리만의 방식으로
가을을 밝혀나가자.

2. 하나언

국화

가을 끝자락, 붉은 국화가 베란다에 놓였다
누군가 정성스레 길러온 듯 보였지만
꽃잎의 가장자리는 마른지 한참이었다

나는 그 앞에서 오래 서 있었다
너와 함께 심었다는 사실 하나로
모든 것을 진짜처럼 믿으려 했으니까

향은 빠르게 옅어지고
남은 건 곱지 못한 흙의 냉기뿐이었다

내가 붙들던 건 꽃이 아니라
네가 거기 두고 간 마음이었음을
늦게야 깨달았다

영원이라 부를 수 있는 것은
결국 손 닿을 수 없는 곳에 있다는 걸

그래서 지금은
마른 국화를 바라보아도
그 꽃을 너라고 부르지 않는다

이미 가을의 마지막 바람 속에서 흩어졌을 것이니.

1. 사랑의 빛

가을 되돌아보기

촉촉이 젖어 드는 가을비를 걸으며 문득, 엄마는 이 가을비를 어떻게 걸어가고 계실지 생각한다.

떨어진 빗물이 논과 밭으로 잘 흘러 들어가도록 내리는 비에 얼굴을 씻으며 물꼬를 트고, 옮기고, 끄기를 반복하셨겠지.

난 30년 가까이 시골에서 농사꾼 딸로 살았어도 단 한 번도 농사일을 해본 적이 없다. 아빠 계시지 않아서 뒷밭, 고추밭에 물 주느라 줄 잡아당기기 잠깐 시켰다가 울 엄마는 아빠한테 호되게 야단을 들으셨다.

10년 전 가을, 엄마와의 하루를 위해 시골길을 내려갔다.

엄마의 가을이 잘 익어갈 수 있도록 할머니 모자를 몰래 쓰고 모기와 벌레를 피하기 위한 최소한의 방편 ~ 꽃무늬 몸빼 바지를 입고 밭으로 나가 뙤약볕에 몸을 던져 일하는 엄마 뒤를 졸졸 따라다닌 날.

하루 종일 하늘 아래 살았으면서,
'하늘이 참 파랗다'라는 걸~
사진으로 확인하며 비로소 감탄한다.

평생을 엄마 품 안에 살았으면서,
'엄마의 헌신이 참 깊다'는 걸~
세월에 힘이 녹아내린 엄마의 뒷모습을 보며 비로소 감동한다.

온종일 엄마로 살고 나서야,
'엄마의 사랑이 참 넓다'는걸~
사랑스럽지 않은 모습까지도 온전히 사랑하고 싶음에 비로소 감사한다.

포레스트 웨일
공동 작가
사랑

2. 이겸

사랑이라는 명사

텅 빈 창고 같은 마음이 되었다.

새로 지어 아무것도 들이지 않은
마음대로 들이기가 무서운 그런 마음이

네가 다시 무엇을 들이고,
무엇을 다시 간직할 수가 있을까.

용기를 내어 네 마음으로 들어간다

끼익 소리를 내며 들어온 너의 마음은
매캐한 먼지들로 가득했다

창문을 열고 청소를 시작했다
네가 돌아왔다.

상처투성이로 날 끌어안는다.

그동안 얼마나 아팠던 건지,
나도 너를 꼭 안았다.

사랑이라는 명사가 없었다면
사랑을 너라고 불렀을 거야라고 속삭였다

열린 창문 사이로 들어오는 쏟아지는 별들도
네 앞에선 한낱 점들에 불과했다.

2. 류광현

너와 걷는 길

햇살이 얇게 스며든 오후
네 발걸음이 내 곁에서 속도를 맞춘다
작은 이야기 하나에 웃음이 번지고
평범한 순간이 반짝이는 유리처럼 빛난다

어디로 가는지 몰라도 괜찮다
네 손이 내 손을 가볍게 잡고 있으니
길의 목적은 끝이 아니라
함께라는 모양으로 계속된다

너와 걷는 길이 내 전부라고
나는 마음속에서만 조용히 되뇌인다
끝없이 이어지는 이 시간 속에서
보통의 하루가 특별해지는 이유는

너라는 기적이 매일의 문을 열기 때문이다

스쳐 지나가는 바람결 사이로
네 향기가 잠깐 머물고
작은 눈빛의 흔들림에
내 마음의 바닥이 잔물결처럼 움직인다
그 순간 내 세계의 색깔이
천천히 너의 색으로 물든다

다시, 너와 걷는 길을 말한다
끝이 없는 것처럼 이어지는 보폭
우리가 발을 맞출 때마다
평범은 조금씩 다른 이름을 갖는다
그 이름은 너, 혹은 기적

혹여 길이 멀고 어깨가 무거워져도
너와 함께라면 괜찮다
포장 위에 남은 우리의 발자국이
저녁 바람을 타고 노래가 되어
오래오래, 골목 끝까지 울릴 것이다

그래서 나는 이 길을
끝나지 않는 선물이라 부른다
사랑이라는 짧은 이름으로
오늘을 조용히 불러 본다
너와 함께라서
나는 지금 충분히 행복하다

3. 류광현

사랑했기 때문에

네가 떠난 길 끝에는
저녁 바람이 먼저 서 있었다.
불 꺼진 정류장 유리창에
입김으로 네 이름을 조심스레 써본다.
지우면 다시 피어나는 글자들,
네 귀환을 기다리는 내 입술의 묵은 버릇.

붙잡지 못했던 그 날,
나는 그 이유를 사랑이라 불렀다.
손끝에서 미끄러진 온기,
물방울처럼 발밑에 맺힌 침묵.
흩어지는 추억의 잔광 사이로
메아리만이 내 내면을 오가고 있었다.

시간은 무정히 흘러
너를 멀리 데려갔지만,
사실 더 멀어진 건
어제의 나였다는 것을
젖은 우산이 먼저 알고 있었다.

포기하지 못한 마음조차
나는 사랑이라 불렀다.
식어가는 커피잔 모서리에서
남은 온기를 나누듯이,
지워지지 않는 너의 얼굴이
밤마다 조용히 창가에 내려앉았다.

원망할 수 없다는 사실을
나는 사랑이라 불렀다.
문틈으로 스며드는 가녀린 향,
그 향 하나로 하루를 견디는 내 몸.
너의 목소리는
여전히 내 심장벽을 부드럽게 두드리고 있다.

다시 너를 안을 수 있다면,
나는 모든 짐을 여기 두고
단 한 걸음, 그 순간으로 돌아가리.
그 한 번의 숨결로도
내 삶은 다시 충분해질 것이다.

끝내 보내야 했던 밤 이후로,
별빛 사이로 흘러간 이름은
사라진 것이 아니라
내 안에서 조용히 자라고 있다.
사랑했기 때문에—
붙잡지 못했고, 포기하지 못했고,
원망조차 할 수 없었다.
그래서 너의 흔적들은
지금도 내 안에서,
사랑으로 숨 쉬고 있다.

2. 이다솔

Love is Love

사랑은,
그저 사랑이라고 말할 수 있는 거예요
아무것도 바라지 않아도
그 사람이 있다는 것만으로
내가 행복해지는 것
그건 내게 너무 큰 축복이죠

서로의 부족함을 채워주고,
때로는 넘치는 마음을
고스란히 나눠주는 것
그게 바로 사랑 아닐까요

내게 사랑이란
'소확행'이라는 말처럼
소소하지만, 확실한 행복을

그대와 함께 나누는
평범하지만 따뜻한 하루하루예요

이보다 더 큰 행복은 없다고
진심으로 느끼며,
그저 함께하는 지금을 누리는 것만으로
사랑이 가득한 나예요

물론,
함께하는 길이 늘 쉽지만은 않겠죠
때로는 지치고,
서로에게 기대고 싶은 날도 있겠지만
그대와 내가 하나 되어 이겨낸다면
그 사랑은 분명, 더 단단해져 있을 거예요

그러니 우리,
오래도록 함께해요
서로를 사랑하며,
작은 순간 하나하나를 소중히 간직하며
끝까지 함께 걸어요
그게 바로 우리만의 사랑이니까요

3. 이다솔

한결같은 사람으로

언제나 그대 곁에서
한결같은 사람으로 남고 싶어요

해바라기처럼
늘 한 방향만 바라보는 마음으로,
그대를 향한 사랑 하나만 품고
조용히 서 있는 그런 사람이 되고 싶어요

변하지 않는 마음으로
그대 곁에 오래 머물고 싶어요

삶이 힘겨울 때,
말없이 곁을 지켜주는
든든한 버팀목이 되어줄 수 있도록

작은 기둥 하나라도 되고 싶은 나예요

세상이 변해도
나는 늘 같은 자리에서
그대가 기대 쉴 수 있는
조용한 그늘이 되고 싶어요

모든 걸 내려놓고 싶은 날,
조용히 다가와 기대어 울 수 있는
넉넉한 나무처럼요

언제나 변함없이,
그대 곁에 머물고 싶은 이 마음

말보다 깊은 마음으로
조용히, 하지만 분명하게
그대를 사랑할게요

1. 꿈꾸는 쟁이

제게 사랑이라는 건

　제가 살아오면서 느꼈던 사랑은
　수많은 사람들이 말하는 사랑과는 완전히 다릅니다.
　원치 않은 아이로 태어나 부모의 품에서 따뜻한 사랑을 느껴 본 적 없고, 핸디캡을 안고 태어난 나는 부모님이 아닌 외할아버지 외할머니 품에서 자라야 했으며, 외할아버지 외할머니의 사랑을 받을 때도 있었지만, 사랑보다는 엄한 훈육으로 키워지는 날들이 더 많았기에 제대로 된 사랑이 뭔지 잘 모릅니다.

　어릴 적부터 가족들과 주변 사람들에게 내 탓이고 너 때문이라는 말과 함께 상처 되는 말들만 들어왔기에 나조차도 나를 사랑하지 않습니다.

그뿐 아니라 핸디캡 때문에 저는 여자로서도 제대로 된 사랑을 해 보거나, 받아본 적도 없습니다.

 핸디캡이 있다는 이유 하나만으로 제가 할 수 있는 사랑은 남몰래 하는 짝사랑이나, 덕질이 사랑이 전부일 수밖에 없습니다.

 젊은 날에 사랑이 있긴 있었죠 하지만 제게 돌아오는 건 사랑이 아닌 숱한 거짓말과 희망고문뿐이었습니다.

 그래서 제게 사랑이라는 건 남들처럼 설레고, 두근거리는 게 아니라 슬프고 처절하게 외로운 것이기에, 제게는 있을 수도, 아니 있어서도 안 되는 게 바로 사랑입니다.

2. 신지은

나의 사랑 사랑 사랑

나는요,
좋아하는데, 사랑하는데
이유를 찾아 헤매지 않아요.
그냥 자체만으로 좋은 거예요.
좋아하게 되는 순간
당신이 반짝반짝 빛이 나고
사랑하게 되는 순간
당신이 별빛처럼 아름다워지는 마법이죠.

좋아하는 것에 설명이 필요할까요.
그리움 가득한 눈동자에 당신만 보이는 거예요.
함께하는 순간 가슴이 콩닥콩닥 울리고
미소 짓는 순간 마음이 당신만을 향하고
온통 당신만 보고 싶은 순간이에요.

5분만 볼 수 있어도 달려갈 수 있는 마음이고
10분만 함께 한대도 웃음 짓게 하는 마법이죠.

오직 당신에게만 마음을 빼앗기는 시간
모두 나의 사랑 사랑 사랑.

1. 신은서

Hugmark

나의 몸이 해져도 좋아
네가 쓰다듬어 준다면
솜뭉치가 떨어져도 좋아
네가 나를 안아준다면

사실 조금 아프기는 해
넌 힘 조절을 잘 못하니까
이토록 작은 손에서
어떻게 그런 힘이 나오는지
나의 숨이 막혀도 좋아
네가 나를 사랑해 준다면

아, 너도 결국 어른이 되는구나

이젠 너무 힘이 세져서 그런 거야?
왜 더는 날 안아주지 않는 거야?
내가 너무 낡아서 그런 거야?
왜 더는 날 찾지 않는 거야?
사진 속의 인간은 대체 누구야?
왜 넌 웃고 있는 거야

사랑했어, 보고 싶어
여전히 온몸으로 기억하고 있어
네가 안아줬던 모든 날들을

2. 김유신

사랑의 열병

검은 밤의 장막이 드리워진 시간,
별 하나둘 숨어드는 그 밤에,
그대 눈빛 스치니 내 안에
낯선 불꽃 하나 피어오르네.

온몸을 휘감는 뜨거운 공기,
마른 대지에 내리는 소낙비처럼
내 영혼 깊숙이 스며들어
사랑의 열병은 시작되었네.

이마를 짚어보니 후끈한 열기,
차갑게 식히려 찬물에 몸 담가도
심장 속 타오르는 불길은
꺼지지 않고 활활 타오르네.

세상이 온통 그대 빛으로 물들어
무채색이던 풍경은 색을 되찾고,
바람 소리마저 그대 목소리로 들려
나는 이제 그대 앓는 환자가 되었네.

달콤한 고통, 거부할 수 없는 유혹.
그대가 내게 건넨 한 모금의 독약.
마셔버린 순간 모든 감각은
그대에게로 향하는 나침반이 되었네.

잠 못 이루는 새벽, 창밖을 보면
그대 그림자가 흔들리는 듯하고,
한숨 섞인 그리움은
이 밤의 공기를 가득 채우네.

이 열병은 끝없는 갈증을 불러
그대를 향한 그리움으로 목마르다.
보고 싶어 몸부림치는 내 마음은
폭풍우 몰아치는 바다와 같고,
미쳐버릴 듯한 이 그리움은

마른 풀밭에 번지는 불길처럼
내 모든 이성을 삼키고
오직 그대만을 원하게 하네.

이 열병이 낫지 않기를 바라네.
이 뜨거운 고통이 사라지지 않기를.
그대 없이 맞는 차가운 아침보다
그대 앓으며 맞는 뜨거운 밤이
나에겐 더 소중한 행복이니까.

사랑의 열병, 그대의 이름으로 명명된
이 치명적인 병 앞에서 나는
영원히 낫고 싶지 않은
병자가 되어 그대만을 앓으리.

3. 김유신

사랑의 벽

그대에게 닿기 위해
나는 굳건한 성벽을 쌓았습니다.
바람이 휘몰아치는 들판에
무너지지 않는 돌 하나하나,
그것은 나의 믿음입니다.

나의 벽은 그대에게로 가는
하나의 이정표이자,
두 마음을 잇는 튼튼한 다리입니다.
돌 틈 사이로 피어나는
이름 모를 들꽃처럼
우리의 사랑은 그렇게
견고한 벽 위에서 아름답게 피어납니다.

차가운 장벽이 아닌,
포근한 울타리가 되어
우리를 감싸안는 사랑의 벽.
때로는 빛을 가리는 그림자 같지만
그림자마저도 그대와 함께라면
나에게는 따스한 안식처입니다.

우리의 벽은 세상의 소란으로부터
우리를 지켜주는 조용한 방패이자,
서로를 향한 마음의 거울입니다.
그 거울에 비친 우리의 모습은
영원히 마주 보고 선
두 개의 등대처럼 빛납니다.

2. 엔인

간극

서로 너무 좋아해서
맞지 않는 틀에
스스로를 구겨 넣으려 했어
서로가 원하는 모습이 되려고.

너를 위해서라면
기꺼이 그럴 수 있다며
억지로 끌고 갔던 우리의 사랑.

그 틀에 맞추기에는 우린 너무 달랐어
서로는 있어도 나와 너 자신은 잃고 있었지.

우리 사랑이 작았던 걸까
아니면
서로의 간극이 너무 컸던 걸까.

3. 연인

이별 후 처음으로 내가 싫어졌다

이별 후 처음으로
내가 사랑해 온 나의 모습을 원망했다.

"내가 조금 더 안정적인 삶을 원했다면,
해외로 나가고 싶어 하지 않았다면,
진취적인 삶을 꿈꾸지 않았다면…"

나의 잘못이 아님을 알면서도, 자신을 탓하게 됐다.

돌이켜보면, 나 역시 내가 원하는 것을 끝내 놓지 못했다.
결국 나도, 그 사람보다 나 자신을 선택했던 것이다.

이제는 나를 탓하지 않는다.
여전히 마음 한구석 아픈 기억이지만,
각자의 삶을 선택하는 것이
서로를 위한 길이니까.

2. 유 연

다른 시간대의 그대에게

아주 오래전의 대화 내역을 꺼내보았다.
이렇게 순수한 사랑으로 가득한 대화창은 오랜만이라서
그 온기에 눈시울이 붉어졌다.

고요해져 버린 채팅방 위로 하나, 둘하고는
못다 한 감정들이 터져 나왔다.

종결어미 없이 찍혀버린 구두점.
표현하지 못했던 말과 남은 것들.

미련하게 흘러넘친 마음은 여과되지 못한 채
웅어리져 계속해서 둥둥 떠 흘러갔다.

보고 싶다.
좋아했다. 좋아한다.
많이, 아주 많이.

때늦은 후회는 황혼에 접어들어 무르익고.
그대는 이미 자정을 살아가고 있으니.

다른 시간대의 잃어버린 사람아.
다른 시간대의 끝나버린 사랑아.

감내해야 할 미련을 벗 삼아
그대를 부지런히 쫓아가겠다.

피워내는 숨결 하나, 발소리 한 번에
의지를 다부져 가까워졌겠노라 하고는.
마침내 그대를 털고 일어나겠다.

밤에 닿겠다.

3. 강대진

기다려준 사랑

사랑은 다른 사람으로
잊힌다고들 하지만
나를 알아주고
상처에 연고 발라주며
기다려준 그대

자신보다
나를 먼저 챙겨준 그대 덕분에
나는 비로소
다시 웃을 수 있었습니다.

고마워요,
미안해요.
이젠 제가 먼저

그대를 지켜드릴게요.
 내 아픔이 그대의 짐이 되지 않도록
내 상처가 그대의 눈물이 되지 않도록

가을빛 하늘 아래,
낙엽이 흩날려도
우리의 사랑은 더 단단히 여물어
마지막 계절처럼 깊어집니다.

1. **최수연**

별빛을 품은 바다

나는 눈을 오래 마주치지 못해요.
고개를 돌려도, 마음은 늘 당신 곁에 있어요.

내 작은 손은 장난감을 꼭 쥐고 있지만,
그 손끝에는 당신의 따스한 손길이 남아 있어요.

큰바람 소리에 놀라
껍질 속으로 숨어버릴 때도,
당신의 품은 고요한 바다처럼
나를 감싸 주지요.

내 시간은 천천히,
달님 시계처럼 느리게 흘러가지만
당신의 기다림은 언제나 별빛이 되어

나를 밝혀 주어요.

엄마, 아빠
나의 사랑은 조금 다르게 흐르지만
바닷속 파도처럼 멈추지 않고,
언제나 당신에게 닿고 있어요.

2. 최수연

엄마의 사랑

아이는 고개를 숙이고
작은 세상 속에 머무른다.
사람들은 그것을
외로움이라 말하지만,
엄마의 눈에는
너의 바다가 보인다.

말이 없어도 괜찮다
너의 눈동자에 비친 빛,
그 속에서 엄마는
끝없이 흐르는 이야기를 읽는다.

세상의 소음이 거세게 몰아칠 때,
너는 귀를 막고 몸을 웅크린다.

그 순간, 엄마는 두 팔을 펼쳐
너를 감싸안는다.
바람이 불어도, 파도가 와도,
너는 엄마의 품 안에서 안전하다.

너의 걸음이 남들보다 느려도 괜찮다.
엄마는 너의 속도로 걷는 법을 배운다.
빠름이 아닌, 느림 속에서
더 깊어지는 사랑을 알게 된단다.

사람들이 너를 잘 이해하지 못해도
엄마는 언제나 너의 편이다.
너의 세상은 다르지만,
그 다름 속에서 엄마는
새로운 하늘을 본다.

기억해라, 아이야.
엄마는 늘 너와 함께 있을 것이다.
네가 별을 바라보면,
엄마는 그 별빛이 되어

너의 길을 밝혀 주고,
네가 바다를 그리워하면,
엄마는 파도처럼 곁을 지켜 주리라.

너의 세상이 고요해도,
엄마의 사랑은 언제나
네 곁에서 흐른다.

3. 최수연

가을을 품은 사랑

아이는
낯선 세상을 천천히 건넌다.

나는
흔들림 없는 나무가 되어
그 길을 지켜본다.

낙엽이 흩날려도
내 마음은 단단히 서서
너에게 향한다.

너의 웃음은
가을 햇살이 되어
내 모든 날을 밝히고,

너의 걸음은
내 사랑을 깊게 물들인다.

나는 숲이 되어
끝까지 너를 감싸리.

2. 이연지

사랑

바람이 한 장씩 낙엽을 넘기듯
우리의 추억이란 책도 한 장씩 넘겨진다

황금빛 들판에 서면 너의 눈빛은
해 질 무렵의 노을 같아
나를 따스하게 감싸주는 것만 같았다

떨어지는 잎사귀마다
사랑의 언어로 적힌 책의 종이가 떨어지고
그 속에서 나는 너를 다시 주워 담는다

가을의 사랑은 뜨겁지 않아서 오래 남고
차갑지 않아서 끝내 너를 기억할 수 있었다
이 계절이 지나도 내 안의 단풍은 사라지지 않으리

1. 배성빈

오늘은 내가 먼저

"엄마 안아 주고, 뽀뽀해 주고 가려고 왔지!
뽀뽀 타임! 입에도, 눈에도, 이마에도.
이번엔 안아 주기 타임! 꼭 안아 주기!"

잠자기 전,
늘 내가 먼저 해 주곤 하던 일들을
오늘은 둘째 별이가 먼저 와서
내게 다 해 주었다.

오늘은 순서가 바뀌었다.
사랑을 먼저 건네준 건 별이었다.

2. 배성빈

사랑할 수밖에 없는 너

나는 발가락을 다쳐 피가 조금 났다.
"엄마, 발가락 다쳐서 피 났어."

잠시 뒤, 둘째 별이가 밴드를 들고 나타났다. 조심스럽게 포장을 뜯어 내게 내밀었다.
"엄마, 이거 붙여요."
"밴드 가져다주려고 간 거야? 고마워."

한참 뒤, 별이가 다시 다가왔다.
"엄마, 피 아직도 나?"
그러더니 커피를 건넸다. 작은 손에 들린 마음.
"고마워, 별아. 커피 잘 마실게."

아이의 마음은 내가 생각하는 것보다
늘 더 크고 따뜻했다.

1. 다정한 작가
우리의 시작의 사랑은 가을이었나보다

사랑해서 인연의 서로 꽁꽁 묶어 약속했는데 어쩌다가 그 인연의 실이 끊어지게 된 것인지 궁금할. 첫 만남을 기대하며 온갖 상상 하며 준비하던 그때가 그리워져서 저절로 눈물이 나와

사랑받던, 주던 우리의 모습이
서로에게 사람이 아니라 커다란 비수를 꽂을 만한 상처를 줘. 어쩌다 우리가 우리에서 남이 되어버린 건지 궁금해. 그 이유를 안다면 다시는 너와의 이별이 없을까 싶어서

수십 번, 수백 번 상상하는 내 모습도 초라해 보이더라. 굳이 너와 남이 되어버린 것뿐인데 내가 나 괴롭히는 게 나에게 너무 미안했어. 여태까지의 많은 나의 인연들이 나와 같은 생각이란 걸 했었을까

근데 남들은 모르겠고 너는 해줬을 거 같아
심성부터 착한 너니까 초반에는 모르겠지만
후반으로 갈수록 해주지 않을까 싶어져.
그건 내 희망이지만.

이 편지는 나에게 위로가 되라고 쓰는 거니까.
넌 볼 수가 없을 테지, 시원한 가을 그리고 벤치에 앉아 있던 너의 멋있는 모습에 반해 고백했던 나 안녕

1. 갈곳

당신에게

To. 당신에게

 어제, 우리의 대화는 감정을 격하게 만들어 잠시 숨고르기가 필요해졌지요. 그 이야기를 다시 해보려 이렇게 편지를 씁니다. 다시 한번 말하지만, 당신이 말하는 '사랑'은 나에게는 너무 무책임하게 들립니다. 내가 말하는 사랑과 당신이 말하는 사랑의 그 틈새를 좁혀보고자 이렇게 펜을 들었으니 부디 이 글에 녹아 있는 내 진심이 당신에게 잘 닿기를 바랍니다.

 당신이 그랬지요? 이렇게 중년의 나이에 만나 노년을 같이 보내게 되었으니, 젊은 날 못 해본 연애를 지금이라도 해보자고. 이렇게 연애하듯 지내다가 더 나이가 들면 귀농하여 앞집 뒷집으로 살며 서로의 보호자가 되어주며 그렇게 같이 늙어가자고. 혼자 사는 이에게는 아픈 것만큼 서러운 것은 없다며, 보호자 없이 가는 병원이 그렇게 서러울 수가 없노라고. 그래 우리는 손가락 걸고 약속했지요. 늙어가며 서로에게 보호자가 되어주겠노라고. 까짓 이렇게 살며 서로를 보살피면 되는 거지, 굳이 법적으로 얽혀 당신의 자식들에게 상황을 복잡하게 만들고, 한 집에서 부대끼며 서로가 원수가 되지 말자고. 젊은 날의 연애처럼 적당한 긴장감을 가지고 각자의 시간을 가지되 자주 만나자는 연애관이 서로 맞았지요. 당신이 결혼 생활을 겪어봤기에 두 번은 미련 없다는 그 뜻을 나는 존중했지요.

 그런데 여기서 만약을 생각해 보게 되었지요. 심히 중한 병에 걸려 운신을 못하게 되면 그때 우리의 관계는 어떻게 되냐고. 당신은 몇 번이나 얼버무리며, 나에게 거듭 당부했지요. 당신이 심히 중한 병에 걸리면 어떻게든 헤쳐 나갈 수 있으나, 나까지는 책임을 못 진다고. 그러니 내가 노년의 병환 대비를 더 튼튼하게 하고, 노후 자금을 잘 모아 놓았으면 한다고 했지요. 나는 당연한 사실을 말하는 당신이 의아했는데 곧 깨달았지요. 당신이나 내가 병환으로 드러눕게 되면 각자의 길을 가자는 의미인 것을. 청천벽력 같은 소리였지요. 나는 당신이 병환으로 운신 못 해도 내가 보호자가 되어 끝을 지킬 것으로 생각했는데, 당신은 다른 생각을 하고 있다는 것을 그제야 깨달았지요.

 서운했소. 화가 났소. 내가 심히 중한 병에 걸리면 당신은 내 곁을 지키지 않을 거냐는 직접적인 내 물음에 당신은 당연히 그 곁을 지키겠다고 대답했소. 내가 아프면 당신은 기꺼이 보호자로서 죽음 이후까지 잘 마무리 지어주겠다고 웃으며 말했소. 그럼, 뭐요? 당신은 당신의 죽음은 나에게 맡기지 않겠다고 말하며 내 죽음은 당신이 마무리 지어주겠다면. 내가 먼저 죽으란 말밖에 더 되오? 같이 오래도록 아프지 않게 살자며 운동을 권하고 식사를 챙기는 우리의 관계에 이런 모순이 어디 있소? 허 참.

 아니, 사실 알고 있소. 당신이 내게 당신의 죽음을 맡기지 않으려는 이유를. 결코 내가 먼저 죽기를 바라는 것이 아니라. 그게 당신의 사랑법임을, 10년의 세월이 밑거름되었는지 이제는 읽어지는구려. 이런 방식에

대해 내가 쓸데없는 배려라고 몇 번 이야기했거늘, 결국 당신은 가장 현실적인 문제에서 이런 쓸데없는 배려를 또 생각하고 있구려. 아마 당신은 병들고 시들어 가는 당신의 모습을 보이기 싫은 거겠지요. 삶의 끝이 보일 때, 몸이 당신의 의지를 배반하고 일어나는 지저분한 일들을 내게 보이기 싫은 거겠지요. 삶의 끝이 보일 때의 두려움과 나약함을 내게 들키지 않고 싶은 거겠지요. 그게 당신의 배려겠지요. 힘들어하는 당신 옆에 날 두고 싶지 않은 거겠지요. 그러면서, 당신은 내 삶의 끝은 기꺼이 내 옆에서 내 나약함과 두려움, 지저분함을 그대로 감수할 생각인 거지요? 그게 무슨 밑지는 장사인 게요? 당신은 내 죽음을 감내할 각오와 용기를 가지면서, 왜 내겐 그런 기회를 안 주려 하오. 이 무슨 쓸데없는 배려란 말이오? 이 무슨 허공에 흩어지는 친절이란 말이오? 왜 내가 화를 냈는지 이제는 이해하겠소?

당신아, 사랑이란 낯간지러운 단어를 차마 입에 올리지 못해, 사랑한단 말 한마디를 못 해 에둘러 당신 참 곱소, 라 말하는 내 진심을 당신이 얼마나 읽을 수 있는지 모르겠소. 사랑한다는 그 한마디 말이 목구멍까지 차오를 때도 당신의 말간 눈빛에 스르륵 녹아버리는 그 한마디 말이 부족하여 당신이 이렇게 쓸쓸한 삶의 끝을 준비하나 싶어 내가 심히 못난 것 같아 애가 타오. 내가 더 믿음직하고 내가 더 의지가 되는 존재였다면 당신이 먼저 손을 내밀어 삶의 끝을 나누자 했을 텐데…. 내가 당신에게 못 미치는 이렇게 못난 남자라 미안하오.

그래 내 진심을 한 번 더 이야기하고 싶소. 나는 기쁠 때나 슬플 때나 당신과 같이 하고 싶소. 우리가 아플 때도 서로에게 보호자가 되어주는 관계가 되고 싶소. 지금도 우리는 서로가 아프다 하면, 서로 식사를 챙겨주고 병원에 데려다주며 걱정하고 간호하는 사이지요. 몇 번 겪어봤지요. 그러나 그 경험들에서 빠져있는 것이 있소. 우리는 서로의 안위와 편안함을 살펴주지만, 그 과정에서 정작 빠져있는 하나가 있소. 나는 해보지 못한 경험이오. 무엇인지 아시오? 그건 법으로 인정받는 '보호자'란 지위요. 지금처럼 사랑하는 사이, 연인으로 묶이며 식사와 안녕을 묻는 사이도 좋소. 그러나 나는 당신에게 법적으로 동반자로 인정받고 싶소. 당신의 의사가 곧 내 의사가 되고, 어떤 선택에도 법적 효력을 갖는 울타리가 되고 싶소. 병원의 모든 절차를 간호사들이 나와 의논하고 보호자란에 내 사인을 적어놓고, 동사무소의 모든 서류에 당신의 보호자라 도장 찍고 싶소. 당신이 의사 표현을 못하게 되더라도 당신을 위한 최선을 심사숙고하고 내가 당신의 대변인이 되어 당신을 보호하고 싶소. 당신과 관련된 모든 것들이 내 손을 거쳐 당신에게 닿게 하고 당신의 두려움과 나약함과 저저분함까지도 같이 감내하고 싶소. 이게 내 사랑법이오. 나는 죽음을 앞둔 당신을 두고 도망가고 싶지 않소. 할 수만 있다면 당신과 같은 날 같은 시에 손잡고 서로 눈을 마주 보며 이생의 끝을 맞이하고 싶소. 당신아, 내 모든 시간이 바로 당신 그 자체인 것이오. 이게 내 사랑법이오.

 당신아, 나에게도 기회를 주시오. 나에게 당신의 보호자가 될 자격을 주시오. 당신의 사랑법이 내겐 너무 가혹하오. 기쁠 때만 같이하고 아플 땐 도망가 버리라는 당신의 배려가 나는 심히 아프오. 내게 바라지 않는 당신의 배려가 슬프오. 그건 배려가 아니오. 사랑이 아니오. 나는 당신의 보호자로서 지금보다 더 당신을 사랑하며 사랑받으며, 우리의 삶의 끝을 같이 맞이

하고 싶소. 나에게 정당한 지위로서, 당신 옆의 한 사람으로서, 당신을 사랑하는 한 남자로서. 인정받고 싶소. 그 방법을 나에게 주시오. 허락해 주시오. 당신아, 우리, 혼인신고 합시다.

                                  FROM 당신의 J

1. 해원[전갈마녀]

수줍게 고개를 내밀다

물끄러미 너를 보았다
물끄러미 나를 보고 있다
물끄러미 눈이 마주친다

무슨 생각을 하고 있는지
궁금하게 하는 물끄럼한 표정

빤히 너를 보았다
빤히 나를 보고 있다
빤히 눈이 마주친다

무슨 생각을 하고 있는지
궁금하게 하는 빤한 표정

서로가 피식 웃는다
저 너머 있을 어떤 의미가
피식 웃음과 함께 수줍게 고개를 내밀었다.

2. 해원[전갈마녀]

눈빛

진정 좋았다

좋아한다 말하지 못했으나
내 마음, 너 알고 있음을 알았고
좋아한단 말 듣지 못했으나
네 마음, 나 알고 있었다

마음은
눈빛으로 오가는 것이다
눈빛으로 움트는 것이다.

2. 이지운

내가 사랑했었다

"여보, 이거 당신 거 아냐?"

집 청소를 하던 아내가 벽장 구석에 처박혀 있던 사진 앨범을 건넸다. 본래 하얀 색이던 앨범의 표지는 색에 바래 누렇게 변했고, 사진들은 쩍-소리를 내며 서로 떨어지기 싫어했다.

1989년 3월, 처음 친구를 사귀던 날.
볼펜으로 꾹꾹 눌러 쓴 글씨가 사진 뒷면에 아직도 선명하게 남아있었다. 벚꽃이 만개한 나무 아래에 친구와 나는 손가락 두 개를 펼치고는 활짝 웃고 있었다.

1995년 7월, 해수욕장에서.
물에 흠뻑 젖어버린 모습임에도 즐거운 듯 튜브를

몸에 끼고서 웃고 있었다.

 2003년 5월, 첫 휴가를 기념하며.
 훌쩍 커버린 몸으로 군대를 갔다가 첫 휴가의 기쁨으로 어머니와 한 컷. 정말 엊그제처럼 생생한 기억들이 떠올랐다.

 "여보."
 "어."
 "당신, 아버님이랑 찍은 사진은 한 장도 없네?"
 "어?"
 "어머님이랑 당신 사진 찍어주신다고 그러셨나? 어머님이랑 아버님이 같이 찍으신 사진은 있는데, 당신이랑 아버님이랑 찍은 건 한 장도 없네."

 곁에서 내가 넘기는 앨범을 바라보던 아내가 말했다.
 나는 아무런 대답도 하지 못한 채 사진을 바라볼 뿐이었다. 어릴 적, 그는 무섭기만 한 존재였다. 나를 감싸주던 어머니가 있어도 아버지는 무서운 존재였다. 성적이 떨어져도, 학교에서 작은 문제를 일으켜도 종종 악마로 빙의 되곤 했었다.

 한 번은 모두 외출하고 나만 홀로 집에 남아 있던 때였다. 밤늦게까지 기다리다 깜빡 잠이 들었었다. 문을 두드리는 소리나 초인종 소리도 못 듣고 '덜컹'거리며 문 여는 소리에 잠에서 깼던 것 같다. 열쇠공을 불러 문을 따고 들어오셨는데, 아버지는 문이 열리자마자 방으로 성큼 걸어와 내 뺨을 때렸다. 문을 잠근 채로 잠을 이겨내지 못한 게 잘못이었겠지만, 그때의 나는 어렸다. 어렸기에 충격이 컸다. 얼얼해진 볼의 감촉보다 왜 내가 맞아야 했는지 아무 말도 안 해줬기에 더 그랬던 것 같다. 그 이후로 아버지의 말이라면 고분고분 들었으니까.

 하지만 그런 삶은 그리 오래가진 않았다. 고등학생이 되고 제법 몸집이 커지면서 나는 변하기 시작했다. 마치 기계처럼 하라는 대로 하는 삶이 너무도 싫었다. 아버지가 말하는 모든 것이 싫었다. 그가 하라는 것은 일부러 모든 것을 하지 않았다. 외박도 빈번했다. 군대를 자원해서 가고는 휴가도 나오지 않았다. 나와도 집으로 들어가기보다는 친구들과 지냈다. 면회를 와도 어머니만이 홀로 왔으며, 아버지는 한 번도 오지 않았었다. 그것이 나는 싫었다. 한 번도 찾아오지 않은 그가 미웠다.

그땐 그랬다.

나는 다가가길 주저하고 밀어내면서도, 그가 먼저 다가와 주기를 바라는 그런 마음이었다. 하지만 그런 내 마음이 외면당했고, 나와 아버지는 더욱 멀어졌다. 거리가 좁혀지지 않았고, 그 거리를 좁힐 생각도 없었다. 빨리 돈을 벌어서 어색하고 불편한 집에서 나가게 되기만을 바랐었고, 공장에 들어가 필사적으로 돈을 모은 끝에 결혼이라는 '꿈'은 그리 먼 미래의 일이 아니게 되었다. 함께 일하던 지금의 아내와 결혼식을 올리게 된 것이었다. 그리고 그때….

"당신, 무슨 생각을 그렇게 해?"

"어?"

"아버님 생각해?"

"그냥. 사진이 정말 하나도 없다 싶어서."

"어디 있겠지. 설마 하나도 없겠어? 앨범 이것만 있는 거 아니잖아?"

"어, 뭐. 그렇긴 하지."

"배고프지 않아? 저녁 준비해야겠다. 여기 마무리 좀 해줘."
"그래."

 앨범은 하나뿐이다. 하지만 있는 척 말했다. 딱히 숨겨야 할 것도 아닌 데 치부를 드러내는 것 같아 나도 모르게 감추었다. 아내에게 웃어 보인 뒤, 들고 있던 앨범을 다시 넘겼다. 그리고 또 넘겼다. 넘기고 넘겨도 역시나 그와 내가 함께 찍은 사진은 단 한 장도 없었다.
 나는 그에 대한 응어리를 이미 풀어냈다. 결혼식에 온 아버지의 작아진 모습에 별다른 이유 없이 생겨났던 응어리가 한순간에 사라져 버린 것이다. 불과 몇 년. 그 시간에 그의 얼굴엔 주름이 늘어났고, 그의 키는 줄어 있었다. 애써 괜찮은 듯 웃음을 보였지만, 오래 앉아 있지 못하고 허리를 만지는 모습은 내가 그렇게도 무서워하고 미워했던 그의 모습이 아니었다. 세월의 흔적을 피하지 못한 나이 든 아버지의 모습이었다. 결혼식이 끝나기 무섭게 '축하한다. 잘 살아라.' 라는 말은 남기고 쓸쓸히 결혼식장을 나서는 그의 뒷모습에 저미는 가슴을 부여잡으면서도 다가가지 못한 채, 그렇게 우리는 또 헤어짐을 맞이했었다. 어쩌면 나는 그때 응어리를 다 풀어냈음에도 다가설 용기를 내지 못하고, 여전히 그가 먼저 다가와 주기를 바랐던 걸지도.

"……용기가 없었지."

한숨을 내쉬며, 앨범의 마지막 장을 넘겼다. 시간의 흔적이 고스란히 남아 끝부분이 헤져 있었다. 조심스레 물티슈로 앨범의 먼지들을 닦아내고 책장에 꽂았다. 앨범의 빈 곳에 이제라도 아버지와의 모습을 넣어야겠다고 생각하던 찰나, 휴대폰 벨 소리가 들렸다. 익숙한 전화번호.

"네, 여보세요."
[이호근님 보호자분 되시죠? 여기 병원입니다. 지금 바로 와주셔야 할 것 같아요.]
"무슨 일이죠?"
[환자분께서……]

그는 세월을 이기지 못하고 병원 침대에 누워서 생활하고 있었다. 나이가 들어감에도 일을 손에서 놓지 않던 그에게 닥친 불행이었다. 어머니를 먼저 떠나보내고, 허전함을 잊으려 더 일에 몰두하던 그에게 불시에 찾아온.

"여보!"

아내를 부르고는 차 키를 들고서 방을 나섰다. 저녁을 준비하던 아내는 내 얘기를 듣자마자 가스불을 끄고 나를 따라나섰다. 주차장까지 내려가는 시간도 길게 느껴지고, 엘리베이터가 움직이는 시간도 길게 느껴졌다. 차를 운전하고 가는 시간마저도 무척이나 길게 느껴졌다. 제어하지 못할 만큼 쿵쾅거리는 심장과 가속 페달을 밟고 있는 다리를 가까스로 진정시키고 주차장에 도착하자마자 달렸다.

아내에게는 아이들에게도 연락하여 오라고 말한 뒤, 중환자실로 뛰었다. 째깍 째깍. 숨이 턱 밑까지 차오르고, 머릿속에선 1분, 1초가 빠르게 흐르고 있었다.

"헉……헉……."

중환자실 앞. 기다리고 있었다는 듯, 의사가 살짝 고개를 숙여 인사를 하며 말했다.

"오셨습니까. …… 마음의 준비를 하셔야 할 것 같습니다. 남은 시간이 그리 길지 않습니다."

중환자실의 문을 연 의사는 고개를 끄덕이며 들어오라는 손짓을 했다. 양쪽 벽을 가득 메운 사람이 몇인데, 중환자실 안은 조용하기만 했다. 적막 속에서 인공호흡기를 차고 있는 그의 모습이 보였다.

"아버지…."

그가 일을 하다 쓰러져 병원에 입원했다는 소식을 결혼한 지 얼마 지나지 않아 동생에게 들었다. 건설 현장에서 일을 하던 그가 갑자기 쓰러졌는데, 늦게 발견하여 병원으로 오는 게 늦어졌다고 했다. 뇌출혈로 판명된 그는 두 차례의 수술을 받았지만, 아직도 깨어나지 못하고 의식불명 상태였다. 심할 경우 사망할 수도 있다는 의사의 말에 무릎을 꿇으며 제발 살려 달라 빌기도 했었다. 그토록 미웠었던 아버지였건만, 슬펐다. 그토록 무서워하던 아버지였는데도, 슬펐다. 지금도 그때처럼 눈물이 고장 나 흘러내렸다.

어느새 곁에 온 아내가 어깨를 토닥였지만, 눈물은 멈출 줄 몰랐다. 중환자실에 면회 오며 항상 봐오던 모습 그대로의 아버지인데, 이제는 이렇게 누워있는 모습도 볼 수 없다는 생각에 지난날의 후회가 밀려들었다.

아버지를 기다리기만 하지 말고, 먼저 말할걸. 내가 먼저 말할걸. 미워했었기에 다가갈 수 없었다고. 용기가 없어 말하지 못했다고. 긴 시간이 지났음에도 입이 떨어지지 않아 말할 수 없었다고. 정말……사랑했었다고.

"아직 아버님 떠나신 거 아니잖아. 힘들지만 웃는 모습 보여드리자. 그래야 편히 쉬실 수 있을 거야. 우리 그러자. 응?"

설득력이 없다. 아내도 울고 있었다. 누구보다 마음이 여린 사람이었기에, 누구보다 내 마음을 이해해 주는 사람이었다. 아내가 건네는 손수건으로 눈물을 닦아내고 아버지의 얼굴을 바라보며 말했다.

"……나 사진 하나만 찍어줄래?"

아내의 얼굴이 황당하다는 듯이 변했다. 달려와 아버지의 곁을 지키는 동생도, 간호사도 표정이 변했다. 아버지의 마지막을 지켜야 할 아들이 웬 사진이냐는 표정이었다. 하지만 나는 다시 말했다. 꼭 찍어야겠다고. 반드시 찍어야만 한다고. 왜냐하면.

"아버지랑 찍은 사진이 정말 하나도 없더라. 단 한 장도 없어. 좋은 모습은 아니지만, 웃는 얼굴은 아니지만, 그래도 남겨두고 싶어. 좀 더 일찍 함께하지 못했던 게 후회돼. 지금이라도 찍지 않으면 평생이 후회로 남을 것 같아. 여보. 부탁해."

말없이 고개를 끄덕인 아내는 간호사에게 양해를 구하고 휴대폰을 꺼냈다. 카메라에 담겼으면 더 좋았겠지만, 휴대폰 사진이라도 상관없었다. 그저 지금,

이 순간 아버지와 사진을 찍고 싶다는 생각이 간절하게 들었을 뿐이었다.

"……찍을게."

고개를 끄덕이며 아버지 옆에 살짝 기대고는 카메라를 바라봤다. 찰칵-거리는 음과 함께 마치 마지막 선물이라도 되는 듯 아버지의 입가에 살짝 웃음이 번졌다. 그리고 그것으로 끝이었다.

[삐………]

냉정한 기계음 속에 울부짖는 사람들이 있었다.
조금만 더, 1시간만, 아니 10분 만이라도 더 내게 시간을 달라고 애원했지만, 그는 돌아오지 않았다. 마지막으로 찍은 사진 속 모습처럼 희미하게 웃음 짓는 모습으로 나를 떠났다. 서로 미워도 하고, 서로 사랑도 하고 서로 그리워했던 그와의 마지막 사진 한 장을 남긴 채.

3. 이지운

몰랐습니다

그대의 품속이 이렇게 포근한 줄은
그대의 가슴이 이토록 따뜻한 줄은
정말 몰랐습니다.

내 아픔과 내 외로움을
어루만져 줄 수 있는 사람이란 걸

그대의 마음도 나와 같다는 걸
그대의 바람도 나의 사랑이란 걸
난 정말 몰랐습니다.

난 정말 몰랐습니다.
그대도 나처럼 세상에 하나밖에 없는
유일한 사람이란 것을

세상에 하나밖에 없는
소중한 사랑이란 것을.

1. 민해월

나의 재스민

재스민 향기가 널리 퍼질 때
그대는 나를 사랑스럽게 바라보네요.
당신은 항상 변함없는 사랑을 말하고
변함없는 온기를 나눠주지만
저는 그런 당신을 잃을까 봐
어쩌면 영영 보지 못할까 봐
조금은 두렵습니다.
하지만 당신의 부드러운 웃음
당신의 따뜻한 온기
당신의 다정한 눈빛이
마치 햇살에 빛나는 재스민 같아서
도저히 사랑하지 않을 수가 없네요.
앞으로 있을 모든 순간에
당신이 내 곁에 있기를 바라며
오늘도 나의 재스민이 되어주세요.

2. 민해월
영원한 너의 사랑 속에서 헤엄칠래

저 아름다운 바다는
모두가 원하는 바다야.
바다를 보고 있으면 이상하게
자꾸 사랑에 빠졌다고 착각하게 돼.
어쩌면 정말로 사랑에 빠졌을 수도 있어.
그런데 그 바다가 자꾸만 나에게 말을 걸어.
나를 지키고 싶내.
나와 어디든 함께 하고 싶대.
내 곁에서 웃음을 바라보고 싶대.
하지만 조금 무섭기도 해.
모두가
그렇게 나에게 작별을 쥐여주곤 했어.
바다는 그러지 않는다고
믿을 수 있을까.

하지만 그 아름다운 바다가 아닌
나를 사랑하는 바다라면
바다 네가 정말로 나를 원한다면
언제나 내 옆에서 사랑을 속삭인다면
나도 너만의 바다가 될게.
영원한 너의 사랑 속에서 헤엄칠래.

3. 민해월

말로는 부족한 이 마음을 당신에게

저는 제가 느끼는 이 감정을 이루 말할 수 없습니다.
처음 느껴보는 이 감정을 알지 못해
방황하고
항상 밝고 당당했던 제가
당신 앞에만 서면 애꿎은 발만 쳐다보는 겁쟁이가 되어버립니다.

이렇게 초라해지는 제가 밉기도 하지만
그 다정한 웃음소리가
봄을 머금은 환한 미소가
당신을 좋아하는 걸 도저히 멈출 수 없게 만드네요.

이 마음이 눈 깜짝할 사이에 너무나 커져 버려
제 안에 감출 수 없는 꽃이 되었습니다.

부끄럽고 서툴더라도,
부디 이 꽃을 당신에게 전하고 싶습니다.

이젠 당신의 뒷모습만 바라보는 게 아닌
당신의 옆모습을 바라보고
마침내 당신과 얼굴을 마주 보며 함께 걸어가고 싶습니다.

좋아해요
말로는 부족할 만큼, 당신을 좋아합니다.

1. 김현아

가을바람에 떨어진 단풍잎을 사랑이라 부르며

10월의 어느 날

바람이 적당히 불며
날도 적당히 맑았다

한적한 공원을 찾아
나무에 있는 기대어 책을 읽는 것이
얼마나 기쁜지

오늘도 나무에 기대어 책을 읽는다
책장을 넘기는 순간 바람의 강도가 세졌다

나무에 단풍들이 떨어지고
머리카락이 흩날리고

책장이 넘어가며
책장에 붙여져 있던 포스트잇이 날아갔다

저 멀리 한 소년이 포스트잇을 주었다

난 포스트잇을 받았고
그 순간 우리의 위로는
새빨간 단풍들이 예쁘게 떨어졌다

첫사랑이었다

2. 이혜련

새잎이 밀어내는 동시

하루는 어항 속을 걷는듯하다가
다른 날은 들숨에 화상을 입을 것 같더니
잎이 물드는 일도 늦어졌습니다

오랜 가을이 가지를 붙잡고 놓아주지 않습니다
버티다가 떨어지기 싫은 건지,
그기를 키워 지면에 닿는 속도를 늦추고 싶은 건지
잘 모르겠습니다

알아요 당신은 너무나 멀리에 있습니다
그럼에도 맥을 타고 온 세상을 빨갛게 칠합니다
나는 이곳에 우두커니 서서
새잎이 밀어내는 동시까지 기다릴 수밖에 없습니다

2. 이연화

사랑한다는 너의 말

사랑한다는 너의 말이
거짓이라 생각했어.

"우리 헤어지자."
말 한마디 전하고
흔적 없이 사라진 너

거짓이길 바랐어.
거짓이라 믿고 싶었어.

그래야 너를
원망할 수 있으니까

하지만
하지만
사랑한다는 너의 말은
진심이었어

기다리면
기다리고 있으면
다시 널 만날 수 있을 거라
여겼어.

집을 나설 때마다
혹시나 네가 서 있을까
기대했었어.

보고 싶어
그러니
빨리 와서
사랑한다 말해줘.

3. 남화정

청혼

너를 처음 본 순간을 떠올려
환히 웃던 그 미소
밤하늘의 별 같던 그 눈
찰랑거리는 머리칼까지

그때 나는 널 보며 깨달았어
우리가 영원히 함께 할 수 있을 거라는 사실을

우리의 사랑은 마치 라일락 같았어
앞으로 우리의 라일락들이 가득한 이곳에서 살자

라일락 꽃밭에서 너에게 라일락을 손에 쥐여주며 말해
나랑 결혼해 줄래?

라일락의 꽃말은 첫사랑의 설렘, 영원한 사랑이야
내 첫사랑인 너와 함께 영원한 사랑을 약속하고 싶어
사랑해

2. 조현민

나의 첫사랑

나는 아직도 그날의 기억을 지울 수 없다.
첫눈이 내리던 겨울 학교 운동장에서 마주친 그 순간
순간적인 설렘 마음이 쿵 하고 내려앉는 느낌
그게 바로 나의 첫사랑이었다.
그의 웃음은 따뜻했고 말투는 부드러웠다.
말을 걸 때마다 심장이 뛰고 작은 농담에도 얼굴이 달아올랐다.
나는 그저 그의 곁에 있고 싶었고 그의 하루를 조금이라도 함께 나누고 싶었다.
하지만 첫사랑이란 늘 설렘만 있는 것은 아니었다.
서로의 마음을 확인할 용기가 없어서
작은 오해와 부끄러움 속에서 수많은 시간을 망설였다.
그렇지만 그 모든 순간조차 소중하게 느껴졌다.
첫사랑의 기억은 달콤하면서도 아련했다.

시간이 흘러 우리는 서로 다른 길을 걷게 되었지만 그때의 감정은 여전히 내 마음 한편에서 따스하게 빛난다.
첫사랑은 반드시 이루어지지 않아도
그 경험 자체로 나를 성장하게 하고
사랑이란 무엇인지 조금 더 알게 해 준다.
그리고 나는 오늘도 가끔 혼잣말처럼 속삭인다.
"처음 사랑해 본 사람 고마워."

2. 문미영

사랑에는 조건이 없다

마음이 아픈 사랑도 사랑이다
첫사랑도 짝사랑도 사랑이다
모쏠이어도 사랑을 해보고 싶다
사랑에는 조건이 없다
어린아이도 나이 든 사람도
남자도 여자도 사랑할 자격이 있다

3. 임만옥

사랑은 색이 없다

사랑은 색이 없다.
투명한 강물처럼
어떤 빛이 스치든 그 결을 담아낸다.

붉은 마음이 닿으면 따뜻해지고,
푸른 고요가 머물면 깊어진다.
노을빛이 번지면 황홀해지고,
새벽의 흰 숨결을 품으면 맑아진다.

사랑은 스스로 빛나지 않는다.
그러나 무엇이 다가오든
그 빛깔을 꺼내어 노래하게 한다.

그래서 사랑은 언제나 새롭다.
내일은 어떤 색으로 번질지,
내 마음은 오늘도 설레며 기다린다.

2. 신정현

밤하늘 바라보며

밤하늘에 별 하나가 떠 있으면
나는 조용히 순이 네 이름을 부른다.

순아 너는 봄의 빛깔 같은 이름으로 아직
내 마음에 꺼지지 않을 등불로 남아있다.

순아 나는 네 미소가 그리워 아직도
내 가슴 깊은 곳에서 피워낸다.

계절이 바뀌어도 변하지 않는 것이 있다면
그것은 너를 향한 이 마음의 온도일 것이다.

오늘 밤도 나는 하늘을 올려다보며
순이 네 이름을 속삭일 것이다.
그리움이라는 구슬픈 이름으로.

3. 신정현

너라는 계절

너를 만나고 나서야 알게 되었다,
봄이 왜 이토록 설레는지를.

너의 웃음소리는
새벽이슬에 젖은 꽃잎처럼 투명하고,
너의 눈빛은
한여름 바다보다 깊고 푸르다.

사랑한다는 말이
이렇게 쉬우면서도 어려운 줄 결코 몰랐다.
입술 끝에서 맴돌다가
가슴 깊숙이 스며들어

너와 걷는 길은 모두 꽃길이 되고
너와 나누는 침묵도 노래가 된다.

항상 기도했다.
너라는 계절 속에서
영원히 머물고 싶다고.

너의 손을 잡고
시간이 멈춘 듯한 이 순간이
계속되기를 바라며.

1. 5번뻐스

엔트로피

우리의 삶은 혼돈으로 향하지만
너와 나의 세상은 질서를 만든다.

무질서한 원자들 속,
우리 둘은 하나의 결정체가 되어
안정된 상태를 찾는다.

사랑은 무질서 속의 질서
가장 완벽한 엔트로피 역행.

2. 5번뻐스

에너지 보존의 법칙

우리의 사랑은 에너지를 잃지 않는다.

뜨겁게 타오르던 감정은
따스한 온기가 되고
부드러운 빛으로 바뀐다.

기쁨이 되고, 웃음이 되고.
걱정이 되고, 믿음이 되고.

그 에너지는 사라지지 않고
오직 형태를 바꿀 뿐.
네가 내게 준 마음은
언제나 사랑 그대로 나에게 존재한다.

2. 문정빈

제품명 : 사랑, 가격은 무료입니다

울컥하게 흐드러지던 짓밟힌 벚나무의 꽃을 사랑하고
늦게나마 푸르던 종[終]여름의 청내를 사랑하고
일월이 같은 20일 남짓의 추분을 사랑하고
붉게 떠오르던 볼의 창백한 온도를 사랑한다.

알알이 들어와 박힌 작은 소멸의 별을 사랑하고
휘영청 걸려 수치를 밝히는 탐스러운 보름달을 사랑하고
하루의 끝과 시작의 경계에 있는 오전 4시를 사랑하고
방울방울 미끄러지는 이슬 잎을 사랑한다.

끝이 가늠되지 않는 유한함 속 무한한 저 지상을 사랑하고
거무튀튀한 연기가 뭉게뭉게 오른 흑백을 사랑하고

줄기차게 중력을 거스르지 못한 순리를 사랑하고
뽀드득 뽀드득 미끄러운 조그마한 긴장감을 사랑한다.

현실을 도망치고 현실을 산다, 낭만이라는 그것을 사랑하고
울림통 속 퍼져 나오는 6가닥의 가지각음을 사랑하고
축축이 스며들어 한없이 덧대야 하는 색깔을 사랑하고
후드드- 쏟아지는 공허하지만 옹골찬 메아리를 사랑한다.

고사리 손으로 한 땀 한 땀 만들던 풀 반지를 사랑하고
계절의 절정, 찐득찐득하게 스치던 두 팔을 사랑하고
식은땀을 줄줄 흘리며 부들대던 창백한 손을 사랑하고
말대로 파 뿌리가 되어 움푹 고인 눈가를 사랑한다.

유한한 삶 속에서 사계절은 너무도 짧고,
하루 24시간 중에서 밤과 새벽은 겨우 절반에 그치고,
예측불허한 이상 기후 중에 맑음, 흐림, 비, 눈은 평범하기 짝이 없고,
이상[李箱]을 닮고 싶어 이상을 좇기에는 순간은 너

무도 좁으며,
사랑만 하기에 100년의 세기는 턱없이 모자르다.

사소하기에 사치스러운 것을 품은 덕분에,
오늘도 나의 사랑은 배를 곯는다.

2. 영지현

국제 사랑의 힘

사랑이란 아주 큰 힘을 갖는 감정이다. 진정으로 사랑할 때 상대방을 위해서 원래 할 수 없었던 일도 할 수 있게 된다. 사랑의 힘이 그만큼 위대하다. 그 힘을 받아서 해외 생활에의 적응, 외국어 공부, 고향을 떠나기로 결심 등이 가능해진다.

내 친구 중에 국제결혼을 한 친구들이 몇 명이 있다. 그 친구들의 사랑 이야기를 공유하고자 한다.

나와 함께 영남대학교 대학원에 다녔던 튀르키예 친구가 한국 남자와 결혼했다. 원래 튀르키예에서 한국어 통역을 전공한 친구는 한국어 통역 일을 할 때 튀르키예로 출장을 간 한국 남자를 만났다. 둘이 서로에게 반했다. 몇 번 데이트를 하고 연애 시작했다. 그러나 친구의 남자 친구는 한국으로 돌아와야 했다. 헤어지기 싫어서 슬퍼하는 친구는 남자 친구를 보내야만 했다. 두 사람은 장거리 연애를 하게 됐다. 남자 친구는 튀르키예로 출장을 갈 때마다 만났다. 장거리 연애는 쉬운 게 아니다. 그래서 함께 있기 위해서 남자 친구는 친구에게 프러포즈를 했다. 친구의 대답이 뭐였을까. 당연히 "예스"를 했다. 튀르키예에서도 한국에서도 결혼식을 올렸다. 친구는 결혼한 후 한국으로 남편을 따라왔다. 한국에서의 생활에 적응이 어려웠다. 힘든 것도 불편한 것도 많다고 했다. 그래도 사랑하는 남편을 위해서 고향에서 머나먼 타지에 적응하고, 석사 학위를 받고, 한국 국적도 땄다. 지금은 두 사람은 행복한 가정에서 아이 셋을 키우고 있다. 튀르키예 친구의 사랑이 정말 강한 것 같다.

한국으로 일하러 온 우즈베키스탄 친구도 한국 남자와 결혼했다. 둘이 소개팅으로 만났는데 소개팅을 하고 나서 연락을 안 했다. 그러다 그 남자는 버스에서 우연히 친구를 보고 사랑에 빠졌다. 친구에게 적극적으로 연락을 하기 시작했다. 친구도 그 남자를 좋아하게 되어 두 사람은 연애하다가 서로의 인생을 결혼으로 맺었다. 결혼을 한 후, 친구는 한국어와 한국 문화를 배움의 필요성을 크게 느꼈다. 친구의 남편이 영어를 잘해서 두 사람은 한국어보다 영어를 더 많이 사용했다. 그런데 시부모님과 언어 장벽, 문화 장벽이 생겨서 친구는 한국어를 공부해야 하겠다는 생각을 했다. 아들 두 명 낳고 나서 사회통합 프로그램에 지원했다. 사회통합 프로그램이란 한국에서 거주하는 외국인들을 위한 교육 프로그램이다. 이 프로그램을 통해서 외국인들은 한국 생활에 적응할 수 있게 한국어와 한국문화를 배운다. 내 친구는 이 프로그램에 지원해서 한국어 공부를 열심히 하고 있다. 주부이자 두 아이의 엄마로서 공부하는 것이 쉽지 않지만 친구는 포기하지 않는다. 지금은 일상생활에서 한국어로 소통이 가능한 수준이다. 한국어가 많이 어려워도 사랑하는 사람들을 위해서 한국어를 배우는 친구가 대견스럽다.

또 한 친구가 자국에서 살고 있을 때 한국에 대한 관심이 생겨서 한국어를 배우기 시작하고 인터넷에서 한국 친구를 만들기로 했다. 만든 친구 몇 명 중에 마음에 드는 남자인 친구가 있었다. 그 친구와 지속적인 연락을 통해서 가까워져서 많이 좋아하는 마음이 생겨 버렸다. 그런 마음에 친구는 한국어를 더 열심히 배우고 한국으로 올 목표를 세웠다. 한국에 오고 싶어 하는 이유가 뭐냐면... 바로 그 좋아하는 남자를 만나고 싶기 때문이다. 엄청난 노력으로 한국에 오게 되었다. 그리고 한국에 온 지 6개월이 좀 넘었을 때 많이 좋아하는 그 남자인 친구를 만나러 갔다. 몇 년 동안 꿈꿔왔던 만남이 아쉽게도 짧았다. 친구는 그 남자의 얼굴을 보고 좋아한다는 말을 직접 하지 못해서 긴 손 편지로 고백을 했다. 편지를 보내고 많이 떨렸다고 했다. 답변이 뭐였을까... 바로... 거절이었다... 친구는 마음이 많이 아파했지만 상황을 받아들일 수밖에 없었다. 그러고 다른 사람이 나타났다. 친구의 아픈 마음을 사랑으로 치료해 준 사람이었다. 새로운 사랑을 시작하고 한국에서 행복하게 살게 되었다. 사랑을 위해서 자국을 떠난 친구가 너무 용감하다고 생각한다.

 마지막 이야기는 나의 이야기이다. 나는 소개팅을 통해서 지금의 남편을 만났다. 남편은 나를 처음 봤을 때부터 좋아하게 되었다. 그런데 나는 내 마음을 주기가 두려웠다. 게다가 여러 이유로 연애할 여유가 없었다. 남편은 기다리다가 지쳐서 운명이 아닌가 보다 생각하고 아무 말 없이 내 곁을 떠났다. 시간이 조금 지나서야 알았다. 나도 모르게 남편에게 좋아하는 마음이 생겼다는 것을. 그 마음을 전하고 싶었는데 남편과 연락이 안 돼서 집으로 찾아가야 했다. 내 진심을 손편지에 담았고, 그 편지를 남기고 갔다. 그 하룻밤에 남편이 나의 편지를 읽자마자 나에게로 달려왔다. 얼굴을 보고 긴 이야기를 하고 나서 우리는 연애를 시작하기로 했다. 6개월 연애를 하다가 혼인신고를 했다. 그래야만 우리가 한국에서 함께할 수 있었다. 지금은 예쁜 아이 하나를 키우고 지내고 있다.

사랑할 때 없었던 힘이 생기고 용기가 난다. 그 힘과 용기를 무시하면 안 된다. 사랑하는 만큼 용기를 내야 한다.

3. 영지현

미련한 사랑

얼굴을 볼 수 없지만
계속 보고 싶다.
목소리를 들을 수 없지만
전화라도 하고 싶다.
곁에 있어 줄 수 없지만
찾아가고 싶다.
나의 사랑이 참 미련하다.
사랑아,
미련해도 나를 떠나지 마.

3. 하형정

묵향에 스민 사랑

가을바람이 정자 기둥에 스친다.
나무의 결마다 세월이 스며 있고
그 위로 무궁화가 피어난다.

묵빛 위에 번지는 담채처럼
고요히 스며든 꽃잎들이
풍경을 오래 너물게 한나.

그와 나란히 앉아
이 계절의 호흡을 듣는다.
차분히 번지는 먹물 한 방울,
종이의 결을 따라 퍼져
마음 깊은 곳까지 스며든다.

오래된 지붕을 드리운 정자 마루가
순간을 붙든다.
그늘 속에 앉아 있으면
시간조차 발걸음을 멈추어
한 폭의 그림으로 고요히 굳어진다.

풍경 속 사랑은
꽃잎의 무늬가 되고
바람의 여백이 되어
가을의 중심이 된다.

한 송이 무궁화 꽃잎에
우리의 애정 어린 침묵이 담기고
사랑은 사라지지 않고
계절의 화폭 위에
겹겹이 번져 간다.

2. 최이서

사랑이란 이름 "나의 전부"

아름다웠던 날
영원과 찰나

그 시간 속에
모든 건 너였고
난 늘 너였고
내겐 오직 너였어

너를 듣고 너를 바라보고 너를 따라 걸으며
너로 인해 아름다워진 세상 속
너로 인해 내 삶이 비로소 빛나기 시작했어

그 어떤 누구도 내 마음을 흔든 적 없었고
내 생각을 바꾼 적도 없었지

너를 만나고 나서야 비로소 알게 된
사랑이란 이름

내 마음 고요한 듯해도
불어오는 바람에
깊은 파도가 일렁였지

이제
지난 혼란은 저 멀리
지금 내 안엔 오직 깊은 사랑뿐

언제까지고
너와 함께할

나의 전부

3. 최이서

지는 사랑

추억은 이별에 남아
여전히 사랑인 나는

석양빛 물드는 저녁
작은 숨결로
어스름 찾아오는 밤

나도 모르게
커져가는 네 생각들

아직도 내 안에 가득하고

그렇게 떠오르는 기억에

이렇게, 이렇게

다시, 또 다시 나는
그대 오기만, 그대 오기만

메마른 숨결 속에서도
소리 없이, 하염없이 기다려

가을 낙엽 지듯
너에게 져 버리는 나는

시간 지나도
다 지우지 못한 그리움으로

나를 안고
너를 안고

추억 흩날리는
모든 순간마다
아련한 내 마음은 닿지 않는 곳에

머물러

3. 문순천

붓끝에 스민 가을의 고백

가슴에 늘, 피어 있는 사랑이 있다.
보는 것만으로도 충만하고,
두 손으로 캔버스에 옮겨낼 때면,
세상 모든 고요가 나에게로 집중하는.
나의 오랜 연인, 그림.

전시를 앞둔 고독한 축제
창밖은 벌써 깊은 가을 색으로 물들고,
서둘러야 할 시간은 얼마 남지 않았다.
곧 세상에 내놓을 나의 고백
나의 개인전, 나의 비밀스러운 고백들.

흰 종이 위로 물감이 섞일 때마다
나의 고독과 기쁨이, 망설임과 해방감이
나의 고백들이 색의 기록으로 남겨진다
이번 가을, 어떤 이들이 나의 그림을 보고
어떤 침묵과 어떤 속삭임을 남길까.

고요한 화실을 나와, 강의실의 빛을 마주한다.
낯설고 어렵다고 고개 젓는 이들에게
미술관의 문을 활짝 열어주기 위해
저명한 이론가의 체계적인 감상법을 가르쳤으나,
진심으로 바라는 것은 하나다.

지친 일상 속, 그저 산책하듯 즐거이 걸으며
한 점의 그림 앞에 멈춰 서서
가슴 뛰는 취향을 발견하는 것.
미술관이 딱딱한 배움의 장소가 아닌,
가장 사적인 쉼터가 되어주기를.

나의 짧은 가을날, 곧 열릴 나의 전시도
이 편안함 속에서 숨쉬기를 바란다.
어려운 해설 없이도 마음이 닿아
그저 "참 좋다"는 한 마디로 충분한.

붓 끝에 스민 나의 사랑이
모두의 마음에 가벼운 공감이 되어
따뜻한 가을날의 쉼표를 찍어주기를.

2. 글쓰는 몽상가 LEE

가을 연가(falling in love)

초록 단풍잎이 선선한 바람을 만나
수줍은 듯 붉게 물들었다.

가로수 길의 은행나무는 은행알을
후두둑 떨어뜨리며 자신이 가을의 상징인 듯
강렬한 향기를 내뿜었다.

그렇게 가을이 찾아왔다.

생채기로 얼룩진 내 마음은 따스한 너를 만나
연고를 바른 듯 흉터가 옅어졌다.

설렘과 긴장, 그 어딘가에 있는 두근거림을
느끼며 가을 분위기 물씬 나는 길을 함께 걸었다.

서로의 손이 살짝 스치자 마치 전기가 통한 듯한
짜릿함과 동시에 두 뺨이 붉게 상기됐다.

쿵쾅대는 심장 소리가 네게 들릴까 봐
괜스레 헛기침을 하고, 달아오른 뺨은 저물어가는
석양빛에 황급히 감추었다.

어쩔 줄 모르는 나를 바라보던
너는 은은한 미소를 지으며 말했다.

"우리, 만나볼래?"

그렇게 사랑이 찾아왔다.

1. 김현주

달빛이 참 예뻐요

달빛이 흩날립니다
이 밤, 당신을 만나러 가는 길엔
저 달 한 조각 베어내서
내 입술에 담았습니다
당신의 입술에
담은 달을 오롯이 내어주고선
수줍은 내 마음은 당신 곁에
반짝반짝 빛이 나겠지요

2. 김현주
이 좋은 가을날, 그대에게(20251030)

좋아한다 사랑한다 보고 싶다 따위의
단어들에 당신에 대한 내 마음을
꾹꾹 눌러 담아보아도 결국 넘쳐서
이제는 모든 마음을 하나의 언어로는
온전히 담아낼 수가 없을 것 같아요

내가 당신을 사랑하는 것으로
너의 아침 햇살이 당신에게 상냥하기를
너의 가을바람이 당신의 어깨를 토닥여주기를
너의 무지개가 당신의 머리카락을 매만져주기를

구태여 이름 붙이지 않은 것들이
너의 오늘을, 그리고 내일을

아니, 내가 욕심을 조금만 더 부리자면
당신의 언젠가였을 모를 어제까지
다시 반짝이게 해 주기를

3. 김현주

고해

내가 당신에게 나의 사랑을 고백하는 것이
내가 당신의 애정을 갈구하고
우리의 대책 없는 내일을 그려보고자 했던
모든 것들이, 나의 사랑이
당신에게 상처가 되진 않았을지

결국엔 스스로 나는 상처 입힌 것인데도
그걸 알고 있었음에도
그저 당신을 사랑할 수밖에 없어서
늘 그리워서
나는 이 모든 걸 당신 탓을 하기로 했습니다

내 이기적인 사랑을 조금만,
조금만 더 이해해 주었길 바랍니다

내 사랑이 어여쁜 그대에게
불행한 일이 되었을까. 나는 여전히,
여전히 그대를 향해 걷습니다

2. 안세진

사랑은 기쁨과 상처를 함께 가져온다

사랑은 햇살처럼 찾아온다.
어느 날 불현듯 눈 부신 빛이 되어
메마른 가슴을 따뜻하게 데우고
세상 모든 풍경을 새롭게 물들인다.
그와 함께 웃음은 꽃잎처럼 피어나고
가까이 머문 한마디 말에도
심장은 새처럼 가볍게 뛰어오른다.
사랑은 그렇게 기쁨의 노래를 부르며
우리의 하루를 향기로 채운다.
그러나 사랑은 동시에
보이지 않는 가시를 품고 있다.
너무 가까이 다가갈수록
어느 순간 날카로운 끝이
살갗을 스치듯 마음을 찌른다.
헤어짐의 그림자가 드리워질 때,

말하지 못한 서운함이 쌓일 때,
사소한 오해가 깊은 골이 될 때,
사랑은 가장 큰 상처로 우리를 흔든다.
하지만 상처가 있다고 해서
사랑이 빛을 잃는 것은 아니다.
기쁨과 상처가 교차하는 순간마다
우리는 조금 더 깊어지고,
조금 더 단단해지며,
조금 더 인간다워진다.
사랑은 웃음만으로 완성되지 않고,
눈물만으로 끝나지도 않는다.
기쁨이 상처를 위로하고
상처가 기쁨의 가치를 일깨우며
두 갈래 길은 결국 하나로 이어진다.
그리하여 우리는 안다.
사랑이란,
기쁨에 설레고 상처에 아파하면서도
다시 손을 내밀고 싶은 힘,
그 모든 것을 견디게 하는
인생의 가장 고귀한 선물이라는 것을.

3. 안세진

사랑은 가을 거리의 낙엽과도 같다

 가을은 언제나 조용히 찾아온다. 여름의 열기를 충분히 식히고, 겨울의 매서운 바람을 준비하는 그 사이. 아침 공기에는 선선한 기운이 감돌고, 하늘은 높아져 우리의 시선을 자연스레 위로 끌어올린다. 사람들은 종종 이 계절을 '수확의 계절'이라고 말한다. 하지만 나에게 가을은 단순히 풍요로움이나 열매로만 기억되지 않는다. 가을은 그 자체로 사랑의 그림자를 안겨주는 계절이자, 지나간 감정을 되새기게 만드는 계절이다.

 가을 길을 걸으면 바람에 흩날리는 낙엽들이 무언가 속삭이는 듯하다. 그것은 단순히 계절의 변화를 알리는 소리가 아니라, 지나온 시간과 사람들의 이야기를 담고 있는 듯하다. 바람에 흔들리며 떨어지는 단풍잎은 어쩐지 한때 타올랐던 사랑의 기억과 닮아 있다.

찬란했던 순간을 품은 채, 결국 흩날려 사라지는 모습. 그러나 그 자리에 남는 것은 허무함이 아니라, 오히려 깊고 잔잔한 여운이다.

나는 가끔 묻는다. 사랑은 왜 가을과 닮아 있을까? 여름의 뜨거움처럼 한순간에 불타오르지만, 결국엔 가을처럼 차분히 식으며 우리 마음 한편에 자리를 잡는다. 그 자리에는 상처도 남고 기쁨도 남지만, 결국 시간이 지난 후에 가장 또렷하게 남는 것은 '사랑했다'는 사실 하나뿐이다.

사랑이 끝났다고 해서 그것이 사라진 것은 아니다. 오히려 사랑은 흔적을 남기고, 그 흔적은 우리 삶을 더 깊고 넓게 만든다. 누군가를 깊이 사랑했다는 경험은 단순히 기억으로 머무르지 않는다. 그것은 삶의 태도를 바꾸고, 세상을 바라보는 눈빛을 달라지게 한다.

가을이 스쳐 간 자리에는 낙엽이 쌓인다. 마찬가지로 사랑이 지나간 자리에는 추억이 쌓인다. 추억은 때로는 아프고, 때로는 따뜻하다. 상처처럼 도드라질 때도 있고, 오래된 사진처럼 흐릿하게 남을 때도 있다. 하지만 중요한 것은 그 어떤 추억도 헛되지 않다는 사실이다. 그 모든 것이 결국 나를 지금의 나로 만든다.

 사랑의 기쁨은 우리를 설레게 하고, 사랑의 상처는 우리를 성숙하게 한다. 만약 사랑이 오직 기쁨만 남긴다면 우리는 아마도 가벼운 환상 속에 머물다 흩어졌을 것이다. 하지만 상처가 함께 남아 있기에 사랑은 더 단단해지고, 우리에게 진정한 의미를 남긴다.

 나는 한때 지나간 사랑을 잊고 싶어 발버둥 친 적이 있었다. 그 기억은 너무 아파서 견디기 어려웠고, 그 사람의 이름만 들어도 마음이 흔들렸다. 그러나 시간이 흘러 계절이 바뀌자, 그 상처는 조금씩 다른 모습으로 다가왔다. 마치 단풍이 붉게 타올랐다가 바람에 흩날려 비옥한 흙이 되듯이, 그 아픔은 나를 성장시키는 거름이 되었다. 그리고 깨달았다. 사랑이 스쳐 간 자리는 결코 공허하지 않다는 것을. 거기에는 여전히 사랑의 잔향이 남아, 내 삶을 지탱해 주고 있었다.

 가을이 지나고 나면 나무는 텅 빈 듯 보인다. 잎을 모두 떨궜으니 더 이상 남은 것이 없어 보인다. 하지만 우리는 안다. 그 나무가 죽은 것이 아니라, 다음 봄을 준비하고 있다는 사실을. 사랑도 그렇다. 끝난 것처럼 보일 때에도, 사실은 또 다른 시작을 품고 있는 경우가 많다.

사랑이 남기는 것은 단순한 추억만이 아니다. 그것은 우리가 세상을 바라보는 마음의 깊이를 넓혀준다. 사랑했던 사람 덕분에 내가 더 따뜻해질 수 있고, 그와의 경험 덕분에 내가 더 단단해질 수 있다. 가을이 지나고 남겨진 자리에 사랑이 머문다는 말은, 결국 우리가 살아가는 방식 그 자체가 사랑의 흔적이라는 뜻일 것이다.

나는 가끔 문득 생각한다. 사랑은 사라지지 않고, 다른 모습으로 계속 우리 안에 살아 있다는 것을. 누군가의 웃음을 떠올리며 더 친절해지고, 누군가의 눈물을 기억하며 더 따뜻해지는 마음. 그것이야말로 사랑이 남긴 가장 큰 선물이 아닐까.

사랑은 우리에게 기쁨을 주고 상처를 주지만, 결국 그 모든 것을 지나고 나면 사랑은 삶의 언어로 남는다. 가을이 지나간 뒤에도 나무의 뿌리가 남듯이, 사랑이 떠난 자리에도 우리의 마음은 여전히 그 흔적을 품고 살아간다.

가을이 스쳐 간 자리에는 낙엽이 남는다. 그 낙엽은 흙으로 스며들어 또 다른 생명을 준비한다. 사랑이 지나간 자리에도 마찬가지로 흔적이 남는다. 그것은 기쁨과 상처가 뒤섞인 추억이고, 삶을 더욱 깊게 만드는 경험이며, 새로운 사랑을 준비하게 하는 힘이다.

 사랑은 때로는 계절처럼 스쳐 지나가지만, 그 자취는 우리의 마음속에서 사라지지 않는다. 오히려 더 깊은 울림으로 남아, 앞으로의 삶을 살아가는 힘이 된다.

3. 김감귤

사랑의 의미?

비대칭 얼굴처럼
어긋난 조각처럼
고장 난 시계처럼
그런 것들이 사랑일 수도 있다는 생각이
흘러가는 생각처럼 흘러가다 멈춰 머무른다.

계절이 여름에서 바뀌어져
기을로 변화한 만큼
사람들의 사랑들도
저마다 시간과 경험으로 점차 달라진다.

가을에 선선한 바람을 접하면서
뜨거운 여름은 언제였는지 생각하며
두툼한 이불을 찾는 것처럼
아마도 그런 게 사랑 아닐까?
아니, 사랑도 그런 걸까?

아니, 사랑도 그런 건가?

날씨 예보처럼 변화무쌍한 그런 것들이.
로또 번호처럼 예측할 리가 없는 그런 것들이
바로 사랑 아닐까?

가득히 풍부해진 가을 해질녘 감성 앞에서
고개 숙이는 벼와 고개 숙이는 갈대처럼
사랑이라는 것도
서로 가득히 고개를 숙이는 마음도 아닐까?

사랑의 의미가
꼭 사랑은 아닐 수도 있는 것도 아닐까?
흘러가는 세월 속 사랑의 의미가
점점 달라진다, 확장된다.

가을바람에 흘러 흘러서
어느새 너, 나, 우리, 세계까지.

크게 더 크게, 더 높이 높게.

1. 윤현정

오래도록 지켜온 사랑은

오래도록 지켜온 사랑은
천 년 된 나무와 같다
바람이 분다고 꺾이지 않는다

오래도록 지켜온 사랑은
계절을 타지 않는다
마음이 굳건하기 때문이다

오래도록 지켜온 사랑은
시들지 않는다
새싹이 자라나 다시 피기 때문이다

2. 마음률

사랑이라 몰랐던 것들

익숙한 패턴
익숙한 장소가 나를 위로하는 마을이 되었다는 것을
한참이 지나 서야 알게 되었다.

나도 모르는 사이
새침데기가 되어
더 넓고 높은 곳으로 가
살아본다는 꿈

새로운 경험을 통해 나를 알아간다는 말

이미 찾은 나의 사랑 주소지가
나의 등잔 밑의 빛이 되었음에도

까막눈이 되어 더 밝은 빛을 바라보기만 한 날

아쉬울 것 하나 없다던 나의 고백이
시들기라도 한 듯
온갖 잡념과 나쁜 상상들로
물들어 벽지를 뜯어내야만 할 때

그때에도 나는 다른 장소를 찾아
생각에 취해 밤하늘을 달리며

그 벽마저
나쁜 말로 물들였다.

한숨을 쉬며
또 다른 한숨을 기다리는 내 모습에

꽁꽁 언 낱말들이
뚝뚝 떨어져 버린 날
모든 할 말을 잃어

나쁜 말에 물들어버린 날

행복과 성공은 새로움에 있지 않았다.

잊어버린 나의 과거들을
어떻게 소중히 읽어가느냐에 있었다.

그렇게 한 걸음씩 읽어가다 보면
모든 장면이 다음 장이 되어

읽어갈 나의 좋은 책이 되어주었다.

나의 동화책 1번지는

내가 잃어간 나의 가장 소중하고 익숙한 것들이었다.

1. 윤아정

해방의 유예

 죽음을 꿈꿉니다. 모든 것의 해방으로 나아가기 위해서요. 하지만 나는 삶을 사랑합니다. 삶에서 만나는 모든 것들을 사랑합니다. 그들은 나를 죽음으로 향하지 못하게 만들죠. 대신 삶을 아름답게 합니다. 내가 죽음에 눈길 주지 못하도록.

 나는 해방을 유예했습니다. 그건 잔인한 일이지만, 그럼에도 불구하고 아름다움을 맛보고 싶었거든요. 광활한 우주의 먼지로 태어나, 그걸 느낄 수 있다는 건 얼마나 큰 축복인지요. 그래서 나는 살아갑니다. 사실 살아있으니 살아가는 것뿐이기는 해요. 아름다움도 느껴지니 느끼는 것이고요. 하지만 나는 당장 죽음과 가까운 사이는 아니랍니다. 너무나 건강하고 예쁘니까요, 나의 인생은.

사랑은 나의 삶을 찬란하게 합니다. 죽음으로 고개가 돌아가려 할 때, 사랑이라는 것은 나를 안아요. 세상은 나를 안고 있어요. 나는 그래서 죽음에 닿지 못합니다. 하지만 인생이라는 것은 무조건 죽음이라는 끝이 있기 때문에, 나는 굳이 서두르지 않아요. 그간 사랑하는 것들을 모두 바라볼 겁니다. 나의 인생은 그렇게 찬란합니다.

2. 오렌지옴

날 흔들고 간 너에게

내 마음속 나무에 앉아
조심스레 주변을 둘러보는 너는
그 누구보다 빛나더라.

내 마음속 풀들을 만지며
꽃길을 천천히 거닐던 너는
그 누구보다 예쁘더라.

그렇게 내 마음속에 있던
수많은 꽃을 피워놓고 간
그 누구보다 완벽했던 너는

내 마음을 너무나도 많이 흔들어놓더라.

네가 스쳐 간 내 마음은
코스모스들로 피어나

천천히,
그러나 깊게.

너라는 코스모스로
끝까지 채워져 가고 있어.

네가 흔들어놓은 내 마음은
그렇게 너의 코스모스 향기로
가득해져만 가.

네가 흔들어놓은 내 마음은
어느새,

너를 향한 사랑으로 변했어.

사랑해. 언제나.

3. 오렌지옴

너와 함께하던 계절

드넓은 밤바다를 바라보며
너와 함께한 이 시간이

너무나도 고마웠다.

밤바다 모래사장을 거닐며
니와 함께한 이 시간이

너무나도 좋았다.

취기에 이끌려
너라는 존재를 탐내던 시간이

너무나도 행복했다.

가을 새벽 공기 속에서
너와 같이 이야기하던 모든 순간이

너무나도 그리웠다.

이 모든 순간들이
곧 너와 함께하던 계절이기에,

눈물을 흘릴 수밖에 없었다.

너라는 존재와 함께했기에.

3. 하나언

유리흑구

빈 곳에 이름을 적곤
영롱한 유리구슬 위를 걷는
내 명칭은 구.

깨진 구슬 금 사이로
하얀 기스에 반사된
그림자를 밟으면

네 주변을 나로 꾸밀 수 있어서
자주 헛된 꿈을 꾸곤 해.

모르는 사실에 정이 갈지 몰라서
나를 깊은 곳에 가두고,

다시는 네 주변을 꾸미지 못할까 봐
나는 여전히 하늘에 작은 구로 떠돌아.

나의 사랑은 아직 온전히 닿지도 못했거든.

2. 사랑의 빛

내가 선택한 사랑

잠시 놀이터에 나가 신나게 놀았던 것 같은데
들어와 보니 불혹이 지났다

"괜찮아, 그럴 수 있어"
항상 가족, 친구, 이웃을 위로했는데
진짜 위로가 필요했던 사람은 나였다

가족 위주로, 상대방을 먼저 배려하며 살다 보니
정작 나를 생각해 주지 못했다

사그라들지 않는 결핍 때문에 늘 외로웠는데
이웃, 가족들에게 들키지 않고 강한척하느라 힘들었다

"실수해도 괜찮아",
타인에게는 관대했지만
내 자신의 어떤 빈틈도 용납하지 않았다

배우자의 상처를 보듬느라
말하지 않아도 앞서 필요를 채우고
맛있게 잘 먹고 멋지게 잘 입고 유용하게 잘 사용하
는 모습만 봐도 보람을 느끼면서
나는 나를 향한 사랑이 사라지는 줄도 몰랐다
아니, 내가 사랑하는 그가 행복해한다면
나를 사랑하지 않아도 괜찮은 줄 알았다

묵묵히 곁을 지켜주는 사이
나의 시간도 묵묵히 지나가 버렸다

"네 모습 그대로, 너라서 사랑해" 말하며
온 삶을 다해 사랑해 왔지만
정작 나를 사랑하는 삶에는 인색해졌다

딸, 여자, 아들, 남자로 살다가
아내, 엄마, 남편, 아빠로 다시 살려니
역할 수업 받느라 시간 가는 줄 몰랐다

누구에게나 좋은 사람이 되고 싶다 보니
정작 나를 위한 좋은 나는 되지 못했다

타인 헤아리며 마음의 온도를 높이는 말만 전하느라
나는 내 마음이 얼음 창고에 갇혀버린 줄도 몰랐다

아이가 태어나 부모가 되고
아이의 성장 속도에 맞춤형으로 살다 보니
내가 늙어가고 있다는 사실을 잊었나

그래도 나란 사람
온 우주 속 단 하나뿐인데
너무 무심하게만 살았다

불혹이 지나고 나니
인생 시계가 정말 쏜살같이 빠르게 간다

하지만 내가 사랑한 시간들은 사라지는 게 아니라
사랑하고 사랑받은 사람의 삶에 잘 심은 씨앗이 되어
또 하나의 열매를 맺고 있다는 걸 기억하자

삶으로 심은 전심과
사랑으로 나눈 진심의 날들이

사랑으로 사람을 낳고
사람으로 사랑을 남기는
인생의 사명을 이루어간다

3. 사랑의 빛

오늘의 나를 사랑해

나는 언제나 내 편이 되어줘야 합니다
세상 모두가 비교와 평가의 잣대로 나를 저울질해도
내가 내 편이 되어준다면
잠시 넘어져도 아주 엎드러지지 않습니다

평범한 일상을 당연히 여기지 않고
어제를 건디고 버터낸 오늘의 나를 격려해 준나면
잠시 흔들려도 속절없이 떠내려가지 않습니다

세상 하나뿐인 내가
세상에 한 번뿐인 오늘을 살기에
오늘의 나는
사랑받아 마땅합니다

사랑합니다
사랑합니다
세상 단 하나뿐인 오늘의 나를

사랑합니다
사랑합니다
세상 단 한 번뿐인 나의 오늘을

오늘이 있기에 내가 살아갑니다
내가 있기에 오늘을 살아갑니다

오늘의 나로 충분합니다
살아있으니까

사랑해 줄래요? 오늘의 나를
사랑해 줄래요? 나의 오늘을

포레스트 웨일 공동 작가
가을이 스쳐간 자리 사랑이 남았다

초판 1쇄 발행 2025년 10월 10일
초판 1쇄 인쇄 2025년 10월 10일

| 지은이 | 이겸 | 명량소녀 | 류광현 | 최나연 | 이다솔 | 신지은 | lilylove
| | 윤세아 | 소어 | 김유신 | 하린 | 엔인 | 유 연 | 강대진 | 이연
| | MOLee | 조성범 | 회색달 | 한민진 | 김혜지 | 감성적인 집순이
| | 이지운 | 루시아(혜린) | 이혜련 | 이연화 | 숨이툭 | 남화정 | 조현민
| | 고해 | 문미영 | 임만옥 | 신정현 | 문정빈 | 이상현 | 영지현 | 홍채원
| | 하형정 | 김하음 | 연하늘 | 은설 | 겨울 | 최이서 | 문순천
| | 글쓰는 몽상가 LEE | 진서윤 | 안세진 | 문병열 | 昀[햇빛 윤]
| | 김감귤 | 마음률 | 한미숙 | 오렌지음 | 하나언 | 사랑의 빛
| | 꿈꾸는 쟁이 | 신은서 | 최수연 | 배성빈 | 다정한 작가 | 갈곳
| | 해원[전갈마녀] | 민해월 | 김현아 | 5번뻐스 | 김현주 | 윤현정 | 윤아정

디자인   포레스트 웨일
펴낸이   포레스트 웨일
펴낸곳   포레스트 웨일
출판등록   제2021-0000 14 호
주소   충청남도 아산시 탕정면 용머리길 40 유니콘101 216호
전자우편   forestwhalepublish@naver.com

종이책   979-11-94741-54-1

ⓒ 포레스트 웨일 | 2025
· 이 책은 저작권법에 의하여 보호받는 저작물이므로 무단 전재와 복제를 금합니다.
· 이 책 내용의 전부 또는 일부를 이용하려면 사전에 저작권자와 포레스트 웨일의 서면 동의를 얻어야 합니다.

작가님들과 함께 성장하는 출판사
포레스트 웨일입니다.
작가님들의 소중한 원고를 받고 있습니다.
forestwhalepublish@naver.com